영업 코칭 스킬

품격있는 영업인이라면 꼭 갖추어야 할

영업 코칭 스킬

권태호 지음

Sales

Coaching

Skill

이담북스

30년 전, 첫 번째 회사에 입사하여 영업을 처음 시작할 때의 이야기이다. 나는 나의 멘토였던 대리에게 "어떻게 하면 영업을 잘할 수 있습니까?"라고 질문한 적이 있다. 그때 그 대리는 "영업이 뭐 있나? 네 방식대로 하는 게 영업이야…."라는 답변을 해주었다. 이후 나는 제 멋대로 영업을 했고, 당연히 많은 실패를 반복할 수밖에 없었다. 과연, 그때 이 책을 선물로 받았다면 내 영업 생활이 조금 수월하지 않았을까 싶다.

물론, 영업에 왕도는 없다고 주장하며 성공한 영업인들도 많다. 하지만 분명한 것은 이 책과 같은 길라잡이 교과서를 접한 후 영업을 시작한다면 성공 확률이 전과는 비교되지 않을 정도로 높아질 것이다.

모든 인간이 갈망하는 '성공'이라는 목적지는 눈에 잘 보이지도 않고, 손에 잘 잡히지도 않는다. 성공이라는 목적지가 만약 '대전역'이라고 가정한다면, 대전역 쪽으로 가야 성공 확률이 높아지는 것은 당연한 결과이다.

자가용을 이용하여 빠르게 목적지에 도달하는 부류도 있겠지만, 천천히 걸어가도 방향만 맞으면 시간문제일 뿐 목적지에 도달하여 성공을 맞볼 수 있다. 그러나 반대로 KTX와 같은 빠른 교통수단을 이용하더라도 방향이 맞지 않는다면 시간이 흐를수록 목적지와는 점점 멀어져 성공 가능성은 희박하게 될 것이다.

결국, 이 책은 영업으로 성공하고 싶은 사람들을 위한 지침서라고 할 수 있다. 영업에 성공하려면 일단 사람의 마음을 얻어야 하는데 이 책에는 사람과 소통하는 기술인 질문, 경청, 인정, 칭찬, 공감, 지지, 격려의 7가지 코칭 스킬이 전체 내용에 촘촘하게 묻어나 있다.

무엇보다 이 책의 저자는 영업에 있어 수많은 성공을 경험했다. 영업인으로서 성공할 수 있었던 자신감 넘치는 에너지를 만나게 된다면 영업의 매력을 느낄 수 있을 것이다. 또한, 세상에 실패하는 영업은 없다고 했다. 다만 못할 뿐이다. 누군가 계속 영업에 성공하고 있다면 분명 비법이 있을 것이다. 그 비법을 이 책을 통해서 찾아보길 바란다.

_KT 영업기획담당 상무 김진철

대학원에서 강의하던 때 있었던 일이다. '감수성 훈련' 수업이었는데, 어느 한 학생이 약간의 짜증이 섞인 목소리로 "교수님, 이제 진짜 수업 시작하시지요."라고 말했다. 개강하고 3~4주 차쯤이었던 걸로 기억한다. 한 번 들으면 머리로 다 아는 걸 마음으로 느끼게 하는 초반의 훈련이 지루하고 마음에 들지 않았던 것 같다. 그러던 그가 학기 말에는 누구보다도 그 훈련을 정말 가치 있게 여기며 사람을 마음으로 만나는 기쁨과 행복을 맘껏 누렸다.

그 학생이 바로 이 책의 저자이다. 저자는 다방면으로 영업을 오래 하기도 했지만, 영업을 진심으로 좋아하고 잘하는 사람이다. 그러면서 영업을 어떻게 하면 좋을지 연구해 책을 쓰고, 나누는 데 최선을 다하고 있다. 그러지 않아도 이미 잘하는데, 사람을 마음으로 만나는 수업으로 단련되어 그 중요성을 알게 되었으니 더 신나게 영업할 것은 불문가지이다.

이 책은 영업사원이 고객을 만나 사용할 수 있는 효과적인 언어와 영업팀장이 영업사원을 지도하는 방법을 코칭 대화 예시로써 쉽게 풀어냈다. 코칭이라는 말은 가르친다는 의미가 있어 자칫 "라떼는 말이야!"와 같은 뉘앙스로 들릴 수 있지만, 절대 그렇지 않으며 분명 영업하는 데 큰 도움이 될 것이라 자부한다.

'영업은 결국 사람의 마음을 얻는 일이다'. 이 책의 프롤로그 제목이다. 마음과 마음이 만나지 않고는 상대방의 마음을 얻을 수 없다. 마음을 얻지 않고 하는 영업은 상술이고, 마음을 얻지 않고 이끄는 리더십은 강압이다. 그런 의미에서 이 책은 상대방의 마음을 얻는 스킬이 잘 정리되어 있다. '스킬'이라고 해서 마음 없이 하는 기술로만 생각한다면 오해다. 내 마음처럼 영업을 잘할 수 있도록 도움을 주는 스킬이라고 생각하면 딱 맞다.

내 진심을 잘 전달해서, 상대방의 진심과 만나는 대화를 한다면 상대방과 나는 Win-Win(승-승)이라는 결과를 얻게 될 것이다. 그러니 영업하는 사람들은 물론, 우리나라의 모든 리더가 이 책을 통해 영업 코칭 스킬을 잘 배우고 익히면 좋을 것이다.

_ 예스앤컴 대표코치, 국민대 경영대학원 겸임교수 남관희

영업은 결국 사람의 마음을 얻는 일이다

내가 길거리에서 전단지를 돌리며 영업현장에 처음 뛰어들었던 그 순간은 지금도 잊지 못한다. 몸은 힘들어도 마음은 즐거웠기 때문이다.

2008년 겨울, 취업준비를 하며 '영업 코칭'에 대해 처음 알게 되었다. 그때만 해도 코칭이 무엇인지 이해하는데 상당한 시간이 걸렸다. 영업 코칭을 배우며 느낀 점은 현장에서 발로 뛰는 영업에 이론을 적용한다면 훨씬 훌륭한 영업을 할 수 있다는 것이다. 그때부터 많은 영업인들에게 코칭의 이론적 학문을 알려야겠다는 생각을 하게 되었다.

영업을 시작한 지 벌써 14년이 되었다. 사람들은 내가 영업을 잘하니까 숨겨진 비법이나 특별한 방법이 있을 것이라고 기대한다. 하지만 나는 단지 기본의 힘이었다고 말하고 싶다. 기본이 갖춰져 있지 않으면 영업현장에서도 실력을 발휘하지 못한다. 한 번쯤은 운으로 좋은 결과를 낼 수 있겠지만, 그것은 단 한두 번뿐이다. 꾸준하게 좋은 결과를 내기 위해서는 탄탄하고, 견고한 기본기가 필요하다. 그렇지 않으면 한 번의 영광에 안주하여 "라떼는 말이야(나 때는 말이야)!" 하며 과거에만 사는 사람이 될 수밖에 없다. 그래서 현실에 안주하는 사람은 언제나 과거를 안주 삼는다.

영업 코칭은 조직의 목표를 달성하고 리더가 직원을 육성할 때 반드시 갖추어야 할 역량일 뿐만 아니라 그 과정을 통하여 내가 미처 깨닫지 못했던 것들을 알게 해준다. 이를 통해 분명 내면에 잠재되어 있던 능력을 발견하게 될 것이다.

스스로 코칭을 이해하려고 노력할 때 매일 감사한 마음과 함께 더욱 겸손한 사람으로서 정진할 수 있다. 이것은 14년 영업현장 경험과 한국코치협회 인증코치 전문 자격을 취득하며 배운 것이다. 더불어 나의 14년 영업현장에서 수많은 팀장과 고객을 만나며 이룬 성과들이 모두 '코칭'으로 연결되어 있음을 발견했다.

나의 최종 목표는 '나의 경험과 지식을 바탕으로, 더 많은 사람들과 함께 나누며 성장하는 것'이다. 물론 영업 코칭과 관련해 감히 넘볼 수 없는 멋진 선배님들이 계신다. 그러나 내가 민망함을 무릅쓰고 책을 쓰는 이유는 나보다 더 많이 아는 훌륭한 사람이 있다는 이유로 하고 싶은 일을 하지 않는다면 죽을 때까지 아무런 일도 할 수 없기 때문이다. 그리고 누군가는 선배들의 수준 높은 이야기보다 나처럼 쉬운 사람의 이야기가 필요할 수 있다.

이들에게 조금이라도 도움을 줄 수 있다면 못할 것이 뭐가 있겠는가?

　나는 이 책에서 임원·팀장·영업인들을 코칭할 때 어떤 말과 행동을 하고, 어떤 기술을 사용하며, 어떻게 사람을 상대하는지 등을 자세하게 담았다. 이를 알게 되면 임원은 조직을, 팀장은 팀원을 그리고 영업인은 고객을 더욱 효과적으로 상대할 수 있을 것이다.

　영업 코칭을 제대로 알지 않으면 자신은 물론이고 주변 사람들까지 힘들게 만든다. 또 영업 코칭을 잘하기 위해 노력하지 않는다면 문제는 점점 더 어려워질 것이다. 수많은 시행착오를 줄이고 어려운 문제도 자신감 있게 해결하기 위해서는 영업 코칭 스킬을 배워야만 한다. 분명, 당신의 업무 성과를 올려주고, 업무 속도를 높여 줄 것이다. 특히 비즈니스 관계의 사람들과 커뮤니케이션도 원활하게 해줄 것이다.

　한편, 영업 코칭 스킬을 얻기 위해 노력했지만 큰 효과를 보지 못한 사람도 있을 것이다. 그 이유는 방법과 원리를 제대로 배우지 못했기 때문이다. 이 책이 그동안 방법을 알지 못해 고민했던 사람들에게 성찰을 하게 해줄 것이고, 자신만의 영업 코칭 스킬이 있던 사람에게는 더 효과적으로 나아가는 힘을 제공해 줄 것이다.

누군가 나에게 앞으로의 계획을 묻는다면, "하루의 시간을 허투루 보내지 않고, 끊임없이 후배 영업인들에게 조금이라도 도움을 주고 싶다."라고 답할 것이다. 더 나아가서는 지식사회를 살아가는 대한민국의 모든 영업인을 대표하여 내가 알고 있는 지식이나 지혜가 이 책을 통해 연결되기를 바라는 마음이다.

이 책이 사람을 성장시키는 어렵고도 보람 있는 일에 도움이 된다면 큰 은혜로 생각하겠다. 이 얼마나 감사한 일인가.

_ 저자 권태호

/

목차

/

PART
1   영업에서 코칭 하는 순간은 반드시 온다

Sales
Coaching
Skill

영업에서
코칭 하는 순간은
반드시 온다

코칭이 뭐길래?

Sales Coaching Skill

내가 운영하고 있는 1% 영업인들의 공간에는 남녀노소를 불문하고 다양한 사람들이 찾아온다. 영업을 잘하기 위해서, 성공하는 법을 알고 싶어서, 자기관리 및 시간 활용 방법을 배우고 싶어서 등 주제는 다양하지만 결국 최종 목적은 현재보다 더 나은 미래를 발견하는 방법을 배우기 위함이다. 찾아오는 이들의 공통점은 한 가지다. 그들은 누구보다 자신을 아끼고 사랑하는 사람들이다. 그러나 현재 처한 상황 때문에 사랑하는 자신을 돌아보지 못하고 있다.

힘들고 어려운 상황 때문에 가장 중요한 일을 하지 않는다면 언젠가는 땅을 치고 후회할 날이 올 것이다. 가장 중요한 일을 해결하기 위한 다양한 방법이 있지만 "내 안에 답이 있다."라는 말이 있지 않은가. 이 말의 의미를 해석하고 이해하며, 자신에게 질문을 던져 생각과 사고의 폭을 확장할 필요가 있다. 이 또한 능력이다. 언제까지 과거의 지식과 경험만 가지고 살 수 없고, 누군가의 지시와 강요만 따라갈 순 없다.

코칭을 배우게 되면 자신이 지향하고자 하는 방향과 달성하고자 하는 목표를 명확히 하게 된다. 남들과 같은 시간과 노력을 투자해도 더 높은 효과를 볼 수 있다. 코칭은 기업인, 대학교수는 물론이고 학교, 학원 등에서 모두 필요하다.

기업에서는 목표 달성 능력이 곧 그 사람의 평가다. 기업은 이윤을 추구하는 곳이기 때문이다. 그중 기업의 꽃인 영업부에서는 코칭이 반드시 필요하다. 매번 변화하는 환경 속에서도 꾸준한 목표 달성을 위해서는 현장에서 직접 발로 뛰는 영업사원의 생각과 의견을 들어야 한다. 그러기 위해서는 강력한 질문과 경청을 바탕으로 한 코칭이 필요하다.

대학생의 경우는 주로 진로설정, 취업준비, 직무탐색 등의 주제에 관심이 많은데, 지금까지 지내온 상황이나 환경을 통해 그들의 가치관이나 내면에 있는 욕구탐색을 발견하면 스스로 성장에 큰 도움이 된다. 또 매 순간의 선택을 해야만 하는 경우에는 코칭 프로세스를 활용하여 준비한다면 더 좋은 선택을 할 수 있다.

대학교수나 전문가들은 자신의 정보와 지식을 마구 쏟아내는 방식이 아니라, 학습자나 대상들에게 질문과 경청을 통하여 그들의 생각 및 아이디어를 이끌어내기 위해 코칭이 필요하다.

특히 영업활동을 하는 현직 영업인들에게 코칭은 두말할 필요 없이 필수이다. "올해 달성해야 할 목표 금액이 얼마인가?"라는 영업 목표부터 "삶의 목표는 무엇인가?"까지 우리는 목표를 이루기 위해 사는 동안 끊임없이 코칭을 해야 한다.

사실상 코칭의 핵심은 '질문과 경청'이다. 잘 생각해보자. 우리는 살면서 누군가에게 질문하고, 듣지만 정작 이렇게 중요한 활동을 단 한 번도 배운 적이 없다. 학교에서도, 기업에서도, 그 어느 곳에서도 질문 잘하는 방법 혹은 잘 듣는 방법을 알려주지 않는다는 것이 새삼 참 이상하게 느껴진다.

2008년 겨울, 나는 어느 한 기업교육 회사의 인턴사원으로 입사했다. 그곳에서 코칭 클리닉 Coaching Clinic 을 처음 접했다. 1박 2일의 과정에서 단어조차 생소한 말들로 눈과 귀는 어지러웠다. 그러다가 5단계 포커스 설정, 가능성 발견, 실행계획 수립, 장애요소 제거, 마무리 로 구성된 코칭 대화 모델을 처음 접했을 때 '도대체 이게 무슨 말일까?' 하고 호기심이 생겨났다.

그리고 '코칭을 잘하기 위해 반드시 필요한 요소 맥락적 경청(Contex-tual Listening), 발견 질문(Discovery Questioning), 메시징(Messaging), 인정(Acknowledging)'도 알게 되었는데 '나에게 필요한 코칭 주제는 무엇일까?' 떠올려보며, 이 분야를 더 자세히 공부하고 싶은 마음이 생겨났다. 당시 배운 코칭 대화 모델을 바탕으로 영업현장에 적용하기 위해 ODS 모델을 만들었고 정리된 아래 표를 참고하길 바란다.

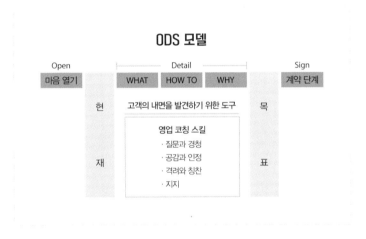

특히 영업현장에서 활동하는 팀장과 팀원들이라면 이 모델을 참고하여 코칭을 배워보길 강력히 추천한다. 조직 내에서 코칭이 효과가 있는 이유 7가지는 다음과 같다.

조직에서 코칭이 효과가 있는 7가지 이유

1. 개인의 목표를 팀, 부서, 회사의 목표와 한 방향으로 가게 한다.

2. 팀원들의 생산성과 충성도를 높여 준다.

3. 최고의 능력을 이끌어내고 유지해 준다.

4. 진취적 사고를 고취한다.

5. 미래에 대비하여 팀원의 능력을 높여 준다.

6. 적재적소에 맞는 감각(센스)을 개발한다.

7. 팀원들의 목표 달성을 도와준다.

약 14년 이상 영업현장에서 발로 뛰며 수많은 리더를 만나고 경험했다. 탁월하고 훌륭한 팀장 및 리더들은 몇 가지 공통점이 있었다. 팀원 개개인을 존중하고, 인정하고, 칭찬하고, 격려하는 것이다. 관리자와 감시자가 아니라 지지자로서 팀원과 함께 성장하고자 했다.

영업 코칭이란 별다른 게 아닌 기본을 지키는 것이다. 리더 자신의 가정과 판단을 배제하고, 팀원에게 관심을 가지며 함께 성장하고자 하는 모든 행위가 결국 코칭 스킬이다. 현재 내가 영업부 팀장이라면 혹은 영업현장에서 발로 뛰는 영업인이라면 나에게 필요한 영업 코칭 스킬은 어떤 것들이 있는지 생각해보길 바란다.

2

코칭 잘하는 법은 따로 있다

Sales Coaching Skill

앞서 잠깐 언급한 것처럼 코칭 스킬이 있는 사람들의 가장 큰 특징은 질문과 경청을 잘한다는 것이다. 이들은 기본적으로 사람에 대한 관심이 높아 관찰력이 뛰어나다. 나보다는 상대를 먼저 생각하고, 배려하고자 한다. 또한, 이슈보다는 사람을 먼저 생각한다. 문제에 초점을 맞추는 게 아니라 해결점에 집중하는 능력이 있어 기업이나 학교 등에서 탁월한 리더로 인정을 받는다.

이들은 평소에 말하는 것보다는 듣는 것을 더 중요시하는 습관이 있다. 특히 영업현장에서 고객에게 자신에 대해 말하기보다 질문으로 고객의 관심사를 먼저 파악한다. 목표 달성을 위해 고객의 관심사에 따라 계획을 미리 세우고, 행동에 옮기기 때문에 실수가 적다. 상황에 맞는 질문을 통해 고객의 관심사를 사전에 파악하기 때문이다. 남들보다 목표 달성이 더 쉽고 빠른 이유다. 말할 때 분명한 목적이 있으며, 듣는 것에 강하고, 명확하게 질문하기 때문에 소통 능력이 뛰어나다.

반면, 코칭 스킬이 없는 사람은 항상 자기 말만 한다. 대화 속의 핵심과 본질을 파악하는 능력이 떨어진다. 상대에 대한 관심을 보이기보단 나에 대한 관심을 상대에게 말하기 바쁘다. 그래서 소통 능력이 떨어진다는 평가를 종종 받는다.

덧붙여 이들은 평소에 사람_{본질}보다는 이슈_{문제}에 집중하는 경향이 있다. 영업현장에서는 계획 없이 고객을 상대할 경우 고객의 소중한 시간을 빼앗는 사람이 될 수 있어 주의해야 한다. 고객의 관심사를 파악하지 못하니 본인의 관심사에만 초점을 맞춰 말할 수밖에 없다. 질문해야 하는 이유도 모르고, 어떤 식으로 질문하는지에 대한 방법도 알지 못한다면 고객은 물론 다른 사람들과 소통이 잘 이루어질 수 없다. 목표 달성은 당연히 어렵다.

	코칭 스킬이 있는 영업사원	코칭 스킬이 없는 영업사원
태도	질문한다.	질문하지 않는다.
	경청한다.	경청하지 않는다.
	말하는 것보다 듣는 것을 즐긴다.	듣는 것보다 말하는 것을 즐긴다.

	사람(본질)에 집중한다.	이슈(문제)에 집중한다.
	상대에 관심이 많다.	상대에 관심이 없다.
행동	주도적이다.	수동적이다.
	사교적이다.	사교적이지 않다.
	상대를 편안하게 해준다.	상대를 불편하게 한다.
	계획하고 행동한다.	계획 없이 행동한다.
	고객의 관심사를 먼저 파악한다.	제품 설명을 먼저 한다.

그렇다면 어떻게 코칭 스킬을 배울 수 있을까? 스킬은 곧 기술이다. 기술은 배우면 누구나 사용할 수 있다. 질문과 경청을 잘하지 못하는 이유는 방법을 몰라서가 아니라 습관이 되지 않아서다. 방법은 알지만 어색하고 부자연스럽기 때문에 습관화하지 못한 것이다. 자연스럽게 몸에 배도록 원리와 절차만 제대로 알고 있으면 반복해서 연습하면 된다.

연습의 첫 번째 단계는 말해주기와 질문하기의 차이점을 이해하는 것이다. 말해주기는 서술, 명령, 지시가 포함되어 있다. 하지만 질문하기는 상대의 관심과 배려가 포함되어 있다는 점에서 차이가 있다.

두 번째 단계는 환경을 조성하는 것이다. 상대에게 신뢰를 얻어야 질문도 경청도 전달된다. 신뢰는 곧 관계를 말한다. 어떻게 하면 상대와 관계를 잘 맺어 신뢰를 얻을 수 있을지는 영업현장에서 발로 뛰고 있는 영업인들과 영업팀장들이 끊임없이 함께 고민해야 하는 부분이다.

세 번째 단계는 개인에게 맞춰진 패러다임을 타인으로 전환하는 것이다. '나' 중심의 패러다임에서 '너' 중심의 패러다임으로 바뀌는 내·외적 변화를 말한다.

코칭은 개인의 잠재력을 이끌어내는 능력 중 하나로, 목표를 명확히 하고 현재 상황을 정확히 파악하는 능력이다. 그럼, 코칭 능력이 좋지 않으면 어떻게 될까? 개인과 회사의 궁극적인 목표가 아니라 당장 눈앞에 있는 이슈나 문제에 집중하게 될 것이다. 궁극적으로 영업도 인생도 결국 실패하게 된다.

의미 없는 삶을 살고 싶은가? 영업현장에서 발로 뛰거나 계획수립을 할 때도 왜 해야 하는지 명확하지 않은 상태에서 일을 시작하면 어떻게 해야 할지 몰라 목표 달성에 실패하고, 전략 없는 목표 설정으로 당연히 결과는 좋지 않을 것이다. 결국, 코칭 능력이 좋지 않으면 영업과 인생 모든 면에서 부정적인 영향을 끼치게 된다. 이제부터라도 과거 접근 방법에서 오늘날 접근 방법으로 나아갈 필요가 있다.

과거 접근 방법	오늘날 접근 방법
오직 성과 위주의 관리를 한다.	직원들의 지속적인 참여를 통해 성과를 창출한다.
직원의 행동을 통제한다.	잠재 능력을 발휘할 수 있도록 해준다.
틀 안에 가두려고 한다.	모험적 시도를 할 수 있는 기회를 준다.
약점에 초점을 맞춘다.	강점을 인정하고 강화한다.
실패를 지적한다.	노력과 성장을 칭찬한다.
획일화된 조직문화를 강조한다.	개인의 스타일과 다양성을 존중한다.
혼자서 모든 문제를 해결하려 한다.	함께 문제를 해결하고 예방한다.
직원들의 말을 듣기만 한다.	직원들이 하는 말의 의미를 공감하고 이해한다.
야근, 주말 근무 등을 은근히 강요한다.	개인의 시간을 존중하고, 가정과 직장 생활의 균형을 중요하게 여긴다.
보고만 받는다.	보고받은 사항에 피드백한다.

　코칭 능력의 핵심은 질문과 경청을 잘하는 것에 달려있다. 또 기업에서는 직원들에게 질문을 마음대로 하고 그것을 자신 있게 공유할 수 있는 문화를 마련해야 한다. 그러나 전혀 그렇지 못한 실정이다. 우리의 팀장, 임원 모두가 학교나 기업에서 이러한 문화를

공부한 적이 없기 때문이다. 그러니 10년 전이나 지금이나 코칭이 중요하다고 말은 하지만 갑자기 기존의 문화를 변화시키지 못하는 것이다. 그렇기에 기업에서, 학교에서, 가정에서, 전 사회적인 차원에서 질문과 경청을 자유자재로 할 수 있는 문화를 조성하는 것이 중요한 화두이다.

3

이젠 티칭이 아니라 코칭이다

Sales Coaching Skill

영업을 잘하기 위해서는 단순히 제품을 설명하는 티칭이 아니라, 제품을 사용하는 한 사람 한 사람 고객의 개성을 살펴봐 주는 코칭으로 바뀌어야 한다. 지금부터라도, 제품 설명을 강요하지 말고 고객을 코칭 해보는 건 어떨까? 고객들이 마음껏 질문하고 호기심을 갖도록 환경을 만드는 코칭형 영업 고수가 되어야 한다.

일반 영업사원들이 코칭형 영업 고수가 될 수 없는 이유가 있다. 그중 하나가 바로, 질문을 안 하기 때문이다. 성과는 질문할 때 비로소 생겨난다. 스스로 '우리의 제품이나 서비스가 적절한가?', '미래에 대한 준비가 되어 있는가?', '우리 제품이 타제품과 비교해 어떤 경쟁력 있는가?', '나는 지금 배우고 있는가?' 등 끊임없이 질문하고 답하는 영업사원이 살아남는다. 질문도, 성찰도 하지 않고 계속 무언가를 배우지 않으면 지속할 수 없고 성과 창출도 어려울 것이다.

앞으로 영업현장에서 목표 달성을 하려면 기존의 영업방식을 버려야 한다. 변화에 맞춰 나가려면 지금까지의 구시대적인 발상을 버려야 하는데, 하나도 버리지 않으면서 불만과 불평만 늘어놓는다면 당연히 변화가 일어날 수 없다. 고객에게 질문하기 전에 핵심, 본질, 원인이 되는 것을 자기 자신에게 먼저 질문해본다면 그 영향력 또한 크게 발휘될 것이다.

영업 코칭 스킬을 가장 빠르게 향상하는 방법은 코칭을 해보는 것이다. 그렇다면 우리가 알고 있는 코칭의 의미는 무엇일까? 영업인들에게 코칭이 무엇인지에 대해 질문하면 대부분 "컨설팅", "멘토링", "티칭" 등으로 답하며 똑같은 반응을 보인다. 이는 곧 우리 영업인들은 코칭에 대해 잘 모른다는 이야기이다.

물론 10년 전부터 코칭의 보급화를 위한 논의가 계속 되어왔지만 지금도 많은 사람들에게 생소한 것이 사실이다. 그럼, 국내외적으로 알려진 코칭 자격증은 몇 개나 될까? 현재로서는 한국코치협회 Korea Coach Association 는 KAC Korea Associate Coach , KPC Korea Professional Coach , KSC Korea Supervisor Coach 가 있다. 국제코치연맹 International

Coach Federation 는 ACC Associate Certified Coach, PCC Professional Certified Coach, MCC Master Certified Coach 가 있다.

한국코치협회(KCA)	코칭 시간 (단위: 시간)	국제코치연맹(ICF)	코칭 시간 (단위: 시간)
KAC (Korea Associate Coach)	50	ACC (Associate Certified Coach)	100
KPC (Korea Professional Coach)	200	PCC (Professional Certified Coach)	500
KSC (Korea Supervisor Coach)	800	MCC (Master Certified Coach)	2,500

이처럼 정말 다양한 코칭 자격증이 있다. 하지만 우리 영업인들은 코칭의 의미조차 제대로 알지 못하니 정말 안타까울 따름이다. 그러나 코칭 자격증은 없어도 된다. 다양한 자격증을 많이 취득하는 것이 중요한 것이 아니라, 하나라도 제대로 알고 영업현장에 활용하는 것이 더 중요하다. 그렇다면 영업 · 인생 · 관계의 효율을 높이는 코칭 자격증은 무엇이 있을까?

KAC Korea Associate Coach 는 코칭 자격증의 가장 기본으로 입문 단계라고 생각하면 된다. 일상생활을 하면서 다양한 사람을 만나 소통할 때, 직장에서 회의하거나 발표를 할 때, 스스로와 대화할 때, 영업현장에서 고객을 상대할 때 등 KAC를 활용하면 좋다. KAC의 핵심은 질문과 경청으로 코칭을 더 잘할 수 있도록 하는 것이다. 질문, 경청 외에도 인정, 칭찬, 지지, 격려, 공감 등 다양한 기술을 배울 수 있다.

사실 영업인들은 코칭 전문가일 필요도 없고, 코칭에 대해 깊게 배우지 않아도 된다. 자격증 취득은 본인의 의지이고, 선택일 뿐이다. 하지만 KAC 자격증은 영업의 가장 기본이 되는 질문과 경청 기술을 알려주기 때문에 취득하는 것을 추천한다. 일상생활뿐 아니라, 고객과의 소통을 잘하기 위한 커뮤니케이션 스킬로 당신을 더 멋지게 만들어줄 것이다.

한편, 질문과 경청할 때 반드시 활용해야 할 기술이 있다. 바로 침묵이다. 침묵은 여유를 나타낸다. 고객이 침묵하고 있는 시간을 충분히 즐길 수 있어야 하며, 새로운 마음가짐을 다지기 위해 반드시 거쳐야 할 과정이라고 생각하는 관점이 필요하다. 이처럼 질문과 경청을 알고 있으면 현장 상황에 맞게 적절하게 활용할 수 있다.

이제는 질문과 경청을 적극 활용하여 영업현장에서 더 멋진 모습으로 커뮤니케이션할 일만 남았다. 질문을 통해 고객의 관심사를 발견한다면 그것만으로도 당신의 영업이 더 쉬워질 것이다. 처음에는 어색하고 불편하겠지만, 나중에는 질문과 경청이 나를 특별하게 만드는 스킬이 될 것이라고 확신한다. 나에게 맞는, 나만이 활용할 수 있는 질문과 경청 방법을 찾고 연습해보길 바란다. 재차 강조하지만 이젠 티칭이 아니라 코칭이다.

4

공감을 이끄는 코칭

Sales Coaching Skill

나는 작년 3월 14일부터 6월 20일까지 총 15교시, 37.5시간을 투자해 감수성 훈련 수업을 들었다. 코치들을 위한 감수성 훈련 과정은 한국코치협회에서 주관하는 인증 프로그램이다. 감수성 훈련이란 상대의 감정을 있는 그대로 읽어주는 것이다. 상대의 감정을 그대로 읽는다는 게 도대체 무슨 말인지 처음에는 도저히 이해가 되지 않았지만, 방법은 간단하다. 먼저, 자신이 상대에게 불리고 싶은 별명 닉네임 을 정하고 동그랗게 원을 그리고 앉는다. 그리고 감정의 언어를 갖고 돌아다니며 여러 사람들과 대화를 나누는 것이다.

"자신이 하고 싶은 말을 하지 말고, 먼저 상대의 감정, 생각, 행동을 바라보는 시간입니다."

촉진자의 역할로 참여하신 교수님께서 거듭 강조하셨다. 집단 지성이라고 했던가. 100% 실습으로 이루어지는 이 수업에서 나는 사람에 대한 존중과 나보다는 상대방을 먼저 바라봐주는 안목이 생겼다. 수업을 통해 내가 말하고 싶은 내용은 어떤 부분인지, 말할 때 어떤 방식으로 이야기하는지 깨달음을 얻을 수 있었다. 결국, 소통 그리고 커뮤니케이션의 시작은 내가 아니라 상대방 위주의 대화이다. 그러기 위해서는 상대방이 현재 느끼는 감정이 어떨지에 대해 먼저 생각해야 한다는 교훈을 알려준 수업이었다.

 감수성 훈련 방법

감정
- 내 감정을 느끼고 표현한다.
- 상대의 감정을 이해하여 공감의 힘을 발견한다.
- 긍정적인 감정을 선택한다.

생각
- 긍정적인 생각을 한다.
- 상대는 어떤 생각을 할지 헤아려본다.

행동(말)
- '나'를 주어로 하는 대화 vs '너'를 주어로 하는 대화를 한다.
- 상대방에 집중하는 대화를 한다.

- 상대방의 입장에 서서 대화를 한다.
- 상대방을 인정, 칭찬하는 대화를 한다.

감수성이 좋은 사람들은 상대를 처음 봤을 때 어떤 반응을 보일까? 내 감정을 이해받고, 상대의 감정을 이해할까? 그 반대다. 이해받기 전에 먼저 이해하는 반응을 보이는 사람들이다.

예를 들어보겠다. 상대가 "지금 배가 고프네요."라고 말했다고 가정하자. 일반 사람들은 "식사하세요!" 혹은 "빵 좀 드세요!"라고 말한다. 하지만 감수성이 좋은 사람들은 "지금 배가 고프시군요. 오늘 바쁘셔서 식사 때를 놓치셨나 봅니다."라고 상대의 감정을 먼저 공감한다. 문제를 해결하고자 노력하는 게 아니라 먼저 상대에게 관심을 갖기 위해 노력하고 감정을 그대로 읽는 것이다.

감수성 훈련을 지도해주신 교수님은 상대를 만날 때 먼저 인정, 공감, 지지하며 상대의 감정을 읽어야 한다고 강조하셨다. 이후 내 이야기를 해도 늦지 않는다고 했다. 교수님께서 말씀해주신 감수성 훈련의 다른 표현은 민감성을 키우는 훈련, 알아차림 훈련 그리고 상대의 관심과 이해를 통해 나를 이해하고, 상대를 이해하는 과정이다.

지금껏 나는 소통과 커뮤니케이션에 누구보다 자신 있다고 생각했다. 하지만 나만의 착각이었다. 교수님과 함께한 약 40시간 동안 감수성 훈련에 대해 반복해서 훈련했다. 시간이 지날수록 변화하는 나를 마주할 수 있었다. 몰입하다 보니 시간이 어떻게 지나가는지 모를 정도로 빨리 지나갔다. 한마디로 감수성 훈련의 기술을 깨달은 것이다.

감수성 훈련 마지막 시간에 많은 참가자들이 울고 웃었다. 처음 시작할 때는 어찌할 바를 몰라 머뭇거렸지만, 이제는 참가자 전원이 여유롭게 기술을 익히고 있었다. 확실히 편해진 모습이었다. 서로가 배우고, 느낀 것에 대해 공유하면 다음과 같다.

"사람은 사람에게서 배운다는 것을 제대로 배웠습니다."
"감정을 읽어내는 능력은 엄청난 힘이라는 것을 느꼈습니다."
"상대를 존중하는 말, 마음, 행동을 실천하겠습니다."

이 수업을 통해 누구나 소중한 존재이며, 기술을 배우고 훈련을 한다면 분명 성장할 수 있음을 알 수 있었다. 특히 인정, 칭찬, 지지, 격려, 감사, 축하를 제대로 하는 방법을 배우고 훈련한다면 당신의 영업 코칭 스킬도 향상되리라 확신한다.

감수성 훈련 스킬이 생기면 자신감을 얻게 되고, 사람을 대하는 말과 태도가 달라진다. 영업, 인생, 소통 모든 것이 업그레이드될 것이다. 영업 코칭에는 분명히 기술이 있다. 기술은 누구나 배울 수 있는 것이며 꾸준히 훈련하면 누구나 변화할 수 있다. 영업 코칭 스킬을 통해 당신의 영업이 그리고 인생이 변화되는 기적 같은 경험을 하길 간절히 바란다.

5

코칭, 이제는 선택 아닌 필수이다

Sales Coaching Skill

커뮤니케이션을 잘하고 싶다면 반대로 커뮤니케이션을 잘하지 못하는 근본적인 이유부터 생각해 봐야 한다. 문제를 알아야 해결책을 찾을 수 있다. 수강생들에게 다음과 같은 질문을 해보니 다양한 답변이 돌아왔다.

> **커뮤니케이션에 어려움을 겪는 이유는 무엇 때문일까요?**
>
> · "질문과 경청에 대해 배운 적이 없습니다."
> · "어떤 질문을 해야 할지 모르겠습니다."
> · "듣는 것보다 말하고 싶습니다."
> · "남의 이야기를 들어줄 여유가 없습니다."
> · "듣는 게 귀찮습니다."

- "경청하는 방법을 모르겠습니다."
- "질문하는 습관이 없습니다."
- "질문해야겠다고 생각해본 적이 없습니다."

이 중에서 공감되는 답변 중 하나는 '질문과 경청에 대해 배운 적이 없다.'라는 것이다. 누구나 이미 능력은 충분하다. 배운 적이 없으니 습관화되지 않은 것뿐이다. 그 이외에도 '어떤 질문을 해야 할지 모르겠다.', '듣는 것보다 말하고 싶다.', '남의 이야기를 들어줄 여유가 없다.' 등의 다양한 답변이 있었지만, 커뮤니케이션을 잘하지 못하는 근본적인 이유는 아니다. 근본 즉 본질을 찾으면 답은 쉽게 풀린다. 본질은 무엇일까? 커뮤니케이션에 어려움을 겪는, 즉 코칭 스킬이 없는 이유는 크게 3가지다.

 코칭 스킬이 없는 3가지 이유

1 질문과 경청을 해야만 하는 이유를 모른다.
2 질문과 경청을 배우려 하지 않는다.
3 질문과 경청의 본질을 활용하지 않는다.

첫째, 질문과 경청을 해야 하는 이유를 모른다는 것이다. 모르기 때문에 질문과 경청이 어렵다. 내 이야기만 한다면 영업은 더 어려워질 것이다. 고객과 소통이 되지 않기 때문이다. 질문과 경청의 핵심은 상대방에 대한 관심이다. 영업인들은 고객에 대한 관심이 무조건 우선이 되어야 한다.

둘째, 질문과 경청을 배우려 하지 않는다. 질문과 경청도 학습해야 제대로 활용할 수 있다. 그런데 문제는 학습 방법이 어디에 있는지, 또 어떻게 배워야 하는지도 잘 모른다. 질문과 경청에도 종류와 방법이 있다. 영업 코칭에 맞는 방법을 학습하고 배워야 한다.

셋째, 질문과 경청을 학습한다고 해도 본질을 알지 못하면 제대로 커뮤니케이션을 할 수 없다. 학습과 배움이 먼저가 아니라, 질문과 경청의 본질인 상대 사람가 먼저이기 때문이다. 질문과 경청의 본질인 고객을 알고, 학습해야 한다.

그럼, 지금부터 어떻게 이 근본적인 문제를 해결할 수 있는지 구체적으로 살펴보도록 하겠다. 영업인들이 질문과 경청을 제대로 하지 못하는 첫 번째 이유는 고객이 눈에 보이지 않기 때문이다. 고객의 머릿속을 들여다볼 수 있는 도구가 있다면 얼마나 좋을까? 하지만 이 세상에 그런 건 없다. 영업인들이 가장 간과하고 있는 문제의 핵심은 고객이 아니라 내가 하고 싶은 말만 생각한다는 것이다. 내가 담당하는 회사, 제품 등에 초점을 맞추다 보니 고객과 커뮤니케이션이 안 된다. 고객의 관심사는 다른 방향을 향해 있다. 초점을 고객에게 먼저 맞춰야 한다. 질문이란 고객에게 관심이 있음을 나타내는 표시다. 따라서 질문을 하는 것이 고객의 관심사를 파악하는 첫걸음이다.

영업인들이 고객의 관심사를 파악하기 위해서는 고객 내면에 있는 생각을 더 끌어내야 한다. 체계화되고 초점이 맞춰진 질문은 자신의 문제점과 해결책을 스스로 발견하게 해준다.

 고객 접근법의 질문법

1 고객의 관심사 단서를 파악하기 위하여 듣는다.

2 영업인 스스로 답을 찾는 데 도움이 되는 질문을 한다.

3 계속해서 듣고 또 듣는다.

4 침묵(silence)을 효과적으로 사용한다.

5 들은 것과 관련된 질문을 하면서 이야기를 진전시킨다.

 실제 현장에서 사용할 수 있는 질문

• 지금 가장 관심 있는 분야가 뭐에요?

- 골프를 잘하고 싶은데 어떻게 해야 하나요?
- 그 일을 하시는데 제가 도와드릴 수 있는 것은 무엇인가요?
- 그것에 대해 좀 더 자세히 말해주시겠어요?

코칭을 잘하기 위해서는 커뮤니케이션의 이해가 필요하다. 계속 강조하지만, 커뮤니케이션의 핵심인 질문과 경청은 정말 중요하다. 질문과 경청을 잘하기 위해서는 평소에 고객에게 늘 관심을 가지는 습관을 지녀야 한다. 고객과의 관심을 함께 나누고, 공유할 수 있다면 당신의 영업 목표 달성은 시간문제이다. 코칭의 길, 이제는 선택이 아닌 필수이다.

6

영업 승부, 코칭으로 판가름 난다

커뮤니케이션에서 질문과 경청이 중요하다는 것을 여러 차례 확인했고, 질문에 대해 살펴보았다. 지금부터는 경청에 집중해보자. 경청한다는 것은 한마디로 고객의 언어_말 그 이상을 듣는 것을 의미한다. 영업현장에서 팀장이 팀원의 이야기를 있는 그대로 들으려면 끊임없이 자신을 관리해야 한다. 팀장이 자신을 관리한다는 것은 '자신의 판단을 내려놓고 듣는 것'을 말한다. 자신의 판단을 내려놓는 순간 사람_{본질}이 보이기 때문이다. 영업현장에서 고객의 이야기를 있는 그대로 들으려면 우리들의 관심사인 회사, 제품에 대한 설명을 잠시 내려놓고 온전히 고객의 이야기에 집중하자.

『마법의 코칭』저자인 에노모토 히데타케는 코칭의 철학을 다음과 같이 정의한다. 첫째, 모든 사람에게는 무한한 가능성이 있다.

둘째, 그 사람에게 필요한 해답은 모두 그 사람 내부에 있다. 셋째, 해답을 찾기 위해서는 파트너가 필요하다. 이는 영업에 그대로 적용해볼 수 있다. 첫째, 모든 고객에게 답이 있다. 둘째, 우리에게 필요한 해답은 모두 고객 내부에 있다. 셋째, 목표 달성을 하기 위해서는 고객이 필요하다.

영업의 핵심은 목표 달성 성과 창출이다. 우리가 존재하는 이유다. 역발상이지만 목표 달성을 위해 바로 제품을 설명하면 안 된다. 먼저 고객의 관심사를 파악한 후, 제품 설명의 시간을 확보하는 게 우선이다. 질문과 경청을 통해서 말이다. 코칭이 강력한 이유 중 한 가지는 고객 스스로 생각하게 한다는 것이다.

실제 현장 사례를 통해 코칭의 힘을 확인하고자 한다. 다음은 한국코칭센터 코칭크리닉 과정에 참여하면서 직접 경험한 사례이다. 잘못된 코칭과 바람직한 코칭 사례를 살펴보자.

상황

영업팀장으로서 신입사원에게 영업교육을 진행했다. 교육 이후 한 신입사원이 고객과 미팅을 진행했는데, 정작 그는 교육 내용을 모두 잊어버린 것 같다.

잘못된 코칭 사례

 오늘 미팅, 어땠니? 첫 미팅을 해봤으니 느낌을 한 번 얘기해봐.

생각보다 많이 떨렸던 것 같아요.

 처음에는 다 그래. 시간 지나면 해결이 될 거야.
그건 그렇고 너의 또 다른 문제점이 뭐라고 생각하니?

문제점이요? 처음이라 생각했던 것만큼 잘 안된 것 같습니다.

 맞아. 근데 교육 시간에 그렇게 강조를 했는데 왜 그렇게 말을 많이 하는 거야? 고객과의 미팅에서 가장 중요한 것은 고객의 니즈 파악이라고 얼마나 강조를 했니! 교육 실컷 받아놓고 그렇게 하면 어떡해. 고객 표정을 보면서 얘기하라고 했잖아. 시선 처리도 얼마나 중요하다고…. 알려준 대로 잘 좀 해봐!

죄송합니다. 잘 해보려고 했는데….

바람직한 코칭 사례

 고객과의 첫 미팅을 축하해. 미팅에서 무엇을 가장 잘했다고 생각하니?

우리 회사와 상품의 소개를 잘했다고 생각합니다.

 좋아. 고생 많았어. 다음번에 그 고객과 계약을
성사시키기 위해서 무엇을 보완할 예정이니?

긴장되고 떨려서 대화가 조금 어색했는데,
떨지 않도록 연습하겠습니다.

 고객과의 미팅은 항상 긴장되지. 나도 그랬거든.
그럼 어떻게 하면 긴장이 해소될까?

이야기를 자연스럽게 이어가기 위해 제가 계속 질문을 먼저 던져볼까 합니다. 말하기보다 경청이 중요하다고 교육받은 것을 기억하며 고객이 가장 중요하게 고려하고 있는 것은 무엇인지, 우리 상품 소개에 앞서 제가 꼭 알아야 하는 점은 무엇인지 등에 대해 질문하려고요.

 좋은 생각이야. 이후 일이 어떻게 진행되는지 알려줘. 나에게도 큰 도움이 되겠어.

　　실제 영업현장에서 일어날 수 있는 사례를 살펴보았다. 팀원들은 내가 소속되어 있는 회사, 담당하고 있는 제품의 설명을 분명 잘해내고 싶을 것이다. 반면, 팀장이라면 직원에게 도움을 주기 위해 자신의 경험, 판단, 지식을 이용해 가르치고 싶을 것이다. 그러나 제발 참기를 바란다. 영업현장에서 고객의 마음을 얻고 싶은 영업인이라면, 팀원으로부터 신뢰를 얻고 싶은 영업팀장이라면 참고 기다려주는 아량이 필요하다.

Sales
Coaching
Skill

PART 2

잘나가는
영업팀장은
다 이유가 있다

1

영업팀장은 소통의 달인

『90년생이 온다』의 저자 임홍택 작가는 젊은 세대는 그 특성이 긍정적이든 부정적이든 간에 기성세대와의 조화로운 관계 속에서 자라나야 한다고 말했다. 그런 의미에서 새로운 세대를 제대로 알기 위한 기성세대의 노력이 절실하다. 세대 간의 갈등은 동서고금을 막론하고 늘 존재해왔다. 세상이 변하고 사람이 변함에 따라 생각도 변하는 것은 너무나 당연한 일이기 때문이다.

그러니 무엇보다도 기성세대는 젊은 세대를 이해하기 위한 다양한 노력을 보여야 하고, 젊은이들의 사고와 행동을 탓하기에 앞서 젊은 세대의 저항과 도전에 의해 기성세대의 실책이 들추어지고 있다는 점을 인식해야 할 것이다. 아울러 기성세대는 현대 사회의 문화는 과거와 다르다는 점과 새로운 문화의 담당자는 그들 자신이 아니라, 새로운 세대라는 점을 인정해야 한다.

기성세대가 젊은 세대의 창조적 가치를 적극적으로 받아들이는 포용력 있고 열린 자세로 그들과 적극적으로 만날 때, 젊은 세대에 대한 모든 편향된 평가와 논의들이 사라질 것이다. 이와 함께 젊은 세대의 문제는 더 이상 그들의 문제가 아닌, 하나의 사회적 현실이라고 인식하는 것이 중요하다. 세대론은 그렇게 세대 간의 포용력 있는 공감대를 만드는 데 쓰여야 한다.

이제는 팀장이 신입사원 혹은 팀원에게 판단, 비난, 가정 등의 부정적인 말을 하지 않으며 '잘못됨'을 탓하지 않아야 한다. 코칭에서는 '중립적 언어'를 사용하며 질문하고, 경청한다. 중립적 언어의 의미는 다음과 같다.

 중립적 언어의 의미

- 판단, 비난, 가정 등 부정적인 말을 하지 않으며 '잘못됨'을 탓하지 않는다.
- 팀원의 말을 평가하지 않는다.
- 팀원에게 당신의 해결방안을 제시하지 않는다.
- 사실, 정보, 팀원의 경험에 초점을 맞춘다.

영업부 팀장이 신입사원 혹은 팀원에게만 전념할 수 있도록 마음을 비우고, 자신의 의제, 가정, 판단을 배제하며 질문과 경청의 스킬을 활용할 때, 당신은 모든 맥락을 완전히 이해할 수 있게 된다. 영국의 작가이자 비평가인 조지 버나드 쇼는 "커뮤니케이션에 있어서 가장 큰 문제는 이미 의사소통이 명확하게 완료되었다고 착각하는 것이다."라고 말했다. 대게 팀장들은 자신의 과거 성공 경험에 취해 팀원들을 가르치고, 다그친다. 처음에는 듣는 척을 하겠지만, 나중에는 당신 곁을 떠날 것이다. 팀원에게 맞는, 팀원이 생각하고 판단할 수 있는 중립적 언어를 적절하게 활용해보길 바란다.

중립적 언어를 사용해야 하는 이유를 알았다면, 지금의 언어를 중립적 언어로 전환하는 연습을 해보자. 중립적 언어를 사용하여 다음 문장들을 살펴보겠다.

 중립적 언어로 전환하는 연습하기

연습 1 "이봐요, 나는 도와주려고 하는데 당신은 내 말을 전혀 안 듣는군요."

⇒ 당신을 도와주고 싶은데 혹시 제 도움이 필요하신가요?

연습 2 "오늘 대화도 지난번 미팅 때와 똑같군요. 장황한 설명은 그만두고 요점만 말해 주겠습니까?"

⇒ 저에게 하시고픈 말씀이 정확히 무엇인지 여쭤봐도 될까요?

⇒ 실례지만, 이번 미팅의 핵심이 궁금합니다.

⇒ 지난번 미팅과 다른 점이 있다면 무엇입니까?

연습 3 "영업 실적이 저조하군요. 내년 승진하는 데 문제가 있겠네요."

⇒ 내년 승진하기 위해서 무엇을 준비하면 좋을까요?

연습 4 "변명은 그만두고 언제 행동으로 옮길 건지 말해보세요."

⇒ 계획은 잘 실행되고 있죠?

연습 5 "시간 관리 교육을 받고 싶다고 들었는데, 정작 이렇게 중요한 프로젝트의 기한을 맞추지 못했어요. 그 교육을 받는다고 문제가 해결될 것 같아요?"

⇒ 시간 관리 교육으로 본인의 어떤 점을 변화시키고 싶습니까?

연습 6 "새로운 프로젝트 시작을 왜 그렇게 두려워하는 거죠? 당신에게는 좋은 기회가 아닌가요?"

⇒ 새로운 프로젝트를 시작하는데, 무엇이 당신을 두렵게 만드나요?

문장의 차이를 알겠는가? 말하고자 하는 핵심 질문을 간결하고, 중립적이며, 시기적절한 언어로 바꾸는 것이 능력이다. 그렇게 함으로써 팀장의 생각을 공유하여 팀원 스스로 변화할 수 있도록 하는 원동력이 된다.

또 원활한 소통에 앞서 몇 가지 조건이 전제되어야 한다. 첫째, 신뢰의 기초를 단단하게 구축한다. 둘째, 목적은 팀원이 그의 목표를 향해 나아가게 하는 것이다. 셋째, 팀원이 당신의 메시지를 수용, 거부, 수정할 수 있다는 것을 알아야 한다. 넷째, 말을 아낀다. 필요한 말만 하고 최대한 많이 들어야 한다. 다섯째, 즉시 변화가 일어나지 않고 팀원이 당신의 메시지를 수용하는데 다소 시간이 걸리더라도 참고 기다려줘야 한다.

팀원의 성과를 이끌어내고 싶은 팀장들은 이미 답을 알고 있을 것이다. 분명한 것은 아는 것과 아는 것을 실행하는 것은 별개다. 바쁜 시간임에도 불구하고, 그들의 시간과 노력을 어디에 쏟아야 하는지 인지했다면 즉시 행동으로 옮기길 바란다. 영업팀장은 소통의 달인이기 때문이다.

2

'YES'를 끌어내는 팀장의 말, 말, 말

Sales Coaching Skill

고객과의 계약을 달성하기 전 가장 먼저 챙겨야 할 것은 실력과 상품의 질이다. 실력은 사람을 뜻하고, 상품은 물건을 말한다. 즉 물건을 판매하는 영업인의 실력에 따라 계약이 달성된다는 것은 두말하면 잔소리다. 당신이 판매하는 물건의 종류나 질은 타 경쟁 회사와 비교해 크게 다르지 않다. 결국, 담당자가 얼마나 다른 서비스와 좋은 기술 그리고 실력이 있는지에 따라 결정된다. 당장 눈앞의 이익을 얻기 위해 번지르르한 말이나 태도로 고객을 속이려 한다면 두 번 다시는 그 고객을 만나지 못할 것이다. 우리의 고객은 누구보다 정확하게 당신을 보기 때문이다.

어떻게 하면 고객에게 더 효과적으로 전달할 수 있을지, 코칭 언어를 연습하고 반복해야 한다. 전달의 문제에 달렸다고 할 수 있다. 같은 시대에 살면서 유사한 제품을 판매하더라도 누군가는 계약에 성공하고, 다른 누군가는 계약에 실패한다. 효과적으로 전달하지 못해서다. 커뮤니케이션 능력은 아무리 강조해도 지나치지 않다. 그렇기에 고객에게 말하기 전에 우리가 더 신경 써야 할 부분이 바로 언어다. 난 이를 코칭 언어라고 부른다. 코칭 언어는 다음과 같은 언어를 말한다.

 코칭 언어 예시

- "아이디어가 정말 좋습니다."
- "감사합니다."
- "응원 드립니다."
- "열정이 느껴집니다."
- "짱 입니다!"
- "탁월하십니다."
- "에너지가 넘칩니다."
- "멋집니다."
- "참 좋습니다."

이 외에도 칭찬의 언어, 긍정의 언어 그리고 고객의 있는 모습 그대로 인정해주는 표현이 모두 코칭 언어이다. 문제는 우리는 이러한 코칭 언어가 어색하기만 하다. 왜 그럴까? 지금껏 살면서 사용해본 경험이 부족하기 때문이다. 의식적으로 습관화될 수 있도록 노력해보자. 연습하는 방법은 다음과 같다. 3명에서 5명의 팀원이 팀장을 중심으로 연습하면 도움이 된다.

 코칭 언어 연습 방법

1 순서를 정한다.

2 첫 번째 사람에게, 나머지 사람들은 칭찬해 주고 싶은 단어를 3개씩 고른다.

3 고른 단어를 포스트잇에 적는다.

4 첫 번째 사람에게 다가가서 큰 소리로 말해주며, 포스트잇을 전달한다.

5 단어를 받은 사람은 휴대폰으로 받은 단어(포스트잇)를 촬영한다.

6 같은 방식으로 순서대로 실시한다.

당신의 코칭 언어를 들은 우리의 팀원들의 반응을 상상해보자. 대부분의 팀원들은 처음에는 낯설어하지만, 점차 인정받았다는 생각에 기분이 좋아질 것이다. 동시에 당신에게 긍정의 호감을 느끼게 될 것이다. 호감을 느낀 팀원들은 당신의 말 한마디 한마디에 귀를 기울일 것이다. 이를 통해 자연스럽게 팀원의 마음을 얻게 되는 건 시간문제다.

영업현장에서 고객을 만나 영업을 할 때면 고객들은 나에게 자주 이런 말을 건넨다.

"태호 씨는 저를 잘 인정해주시는 것 같아요."
"상대방을 편안하게 해주시는 게 큰 장점이신 것 같아요."

인정하기는 코칭 언어에 필요한 스킬 중 하나다. 사전적 의미를 살펴보면 인정이란 '어떤 것이 확실하다고 여기거나 받아들이다.'라는 뜻이다. 즉, 상대의 있는 그대로의 모습을 받아들이는 것이다. 상대를 판단하거나 비판하지 않는 것이기도 하다.

고객에게 담당하고 있는 제품을 설명할 시간을 얻으려면 고객이 나와 함께하는 시간이 부담되고 불편한 게 아니라 편안하게 만들어주는 것이 중요하다. 상대를 편안하게 해주기 위해서는 상대의 이야기를 잘 들어주고, 관심을 얻기 위한 질문을 하는 것이 중요하다. 더불어 중요한 포인트는 바로 인정이다. 상대의 있는 그대로를 인정해주는 것이 상대방을 편안하게 해주는 기본이다.

인정의 중요성은 백 번을 강조해도 모자라지 않지만, 인정만으로는 충분하지 않다. 인정과 더불어 필요한 것은 '언어습관'이다. 인정에 앞서 상대의 마음을 편안하게 해주는 언어가 뒷받침되어야 상대로부터 호감을 얻게 되는 것이다. 인정의 전제조건은 바로 '코칭 언어'인데, 고객의 마음을 얻고, 변화시키는 인정의 언어를 알아야 한다. 이를 바르게 알고, 잘 활용하는 이들의 세 가지 특징이 있다.

 코칭 언어를 잘 사용하는 이들의 3가지 특징

1 타인을 칭찬하고 인정한다.
2 관찰력이 뛰어나다.
3 표현을 잘한다.

자신보다는 상대의 상황을 먼저 관심 있게 바라보며 상대의 기분, 감정, 표현, 표정을 유심히 관찰하는 능력이 뛰어난 사람들이다. 또 표현을 자유자재로 하며, 칭찬과 인정해주는 언어를 자주 사용한다.

실제 사례를 들어 이야기해보자. 보통 영업사원과 고객이 식사할 경우 접대하는 쪽에서 계산하는 경우가 많다. 하지만 유독 고객의 지갑을 잘 열게 하는 영업사원이 있다. 바로 코칭형 영업사원이다. 아래 대화는 고객이 밥을 사준 경우로 일반 영업사원과 코칭 언어를 사용하는 영업사원의 대화이다.

일반 영업사원

"정말 맛있게 잘 먹었습니다."

코칭 언어를 사용하는 영업사원

"이렇게 맛있는 제육은 처음입니다. 입에서 살살 녹는 게 축제가 벌어졌습니다. 세상에 이렇게 맛있는 제육이 있다는 걸 덕분에 알았네요. 정말 잘 먹었습니다. 감사합니다."

실제 내가 고객들에게 사용하는 코칭 언어 표현이다. 어떤 표현이 고객의 기억에 남을까? 대부분의 일반 영업사원은 "잘 먹었습니다." 혹은 "감사합니다."라고 말해놓고 만족한다. 착각이다. 그것은 내가 말하는 코칭 언어가 아니다. 고객을 인정하고 있다는 느낌을 주기 위해 다양한 표현력과 어휘력을 발휘해야 한다.

언어란 정말 중요하다. 어떤 언어를 사용하느냐에 따라 고객의 마음을 얻기도 하고 그대로 떠나보내기도 하기 때문이다. 우선 언어에 코칭을 담으려면, 생각과 관점이 변해야 한다. 관심의 표현을 적극적으로 해야 하며, 끊임없는 관찰과 노력을 해야 한다. 다른 팀장들과 차별되고 싶다면 나만의 코칭 언어를 배우고, 실제 현장에서 활용해보자.

3

영업의 일급비밀, 선택과 코칭

Sales Coaching Skill

지금부터 우리의 영업을 더 스마트하게 하는 방법을 본격적으로 알아보자. 수강생 중 한 명이 나에게 두 가지 질문을 했다.

첫 번째 질문

"경쟁이 치열하고 촘촘한 시장에서 신규 영업을 한다는 것이 쉽지 않습니다. 어떻게 하면 신규 거래처를 만들 수 있는지, 또 어떻게 하면 차별화될 수 있는지 배움을 얻고 싶습니다."

두 번째 질문

"위대한 목표를 세우고, 그 목표를 이루기 위해 체계적으로 실행하는 방법을 배우고 싶습니다."

두 질문 모두 영업현장에서 일하고 있는 수많은 영업인들이 늘 가지고 있는 생각과 애로사항이다. 그러나 많은 영업인들이 궁금해하는 위 질문에 대한 정답은 스스로 가지고 있을 것이다. 본인들이 정답이라고 생각하는 것을 어떤 형태로 실행하기가 어렵다는 것도 잘 알고 있다. 여러 가지 이유에서 말이다.

이 책에서는 개인이 정답이라고 생각하고 있는 것을 실행시켜 줄 수 있도록, 누구나 쉽게 따라 할 수 있는 실용적인 영업 코칭 도구로써 7가지를 제시할 것이다. 이 도구들은 각자 영업현장에서 만나고 있는 고객들의 상황과 환경에 따라 선택하여 사용할 수 있다. 영업 코칭 스킬이 당신만의 영업 컨설턴트라고 생각하고, 영업현장에서 자신감을 갖고 고객을 상대하기를 바란다. 아래의 표는 당신의 영업에 도움을 줄 수 있는 영업 코칭 스킬 세일즈맵이다.

첫 번째 도구는 '질문'이다. 질문은 상대에게 관심을 표현하는 방법의 하나이다. 궁금한 내용을 알기 위해 물어보는 경우도 있지만, 상대방에게 관심 있음을 표현하는 방법이기도 하다.

두 번째 도구는 '경청'이다. 어떠한 말도 귀를 기울여 들어야 한다. 상대가 말하는 내용뿐만 아니라 보이지 않는 의도, 감정, 욕구까지 파악해서 듣는 것이 경청이다.

세 번째 도구는 '인정'으로 상대를 있는 그대로 바라보는 감정을 말한다. 당신이 상대를 인정하는 순간, 상대도 당신을 인정할 수 있는 시작점이 되어줄 것이다.

네 번째 도구는 '칭찬'이다. 말 그대로 상대의 좋은 점이나 착하고 훌륭한 일을 높이 평가하는 말을 뜻한다. 영업하면서 상대에게 친근하게 다가갈 수 있는 도구 중 하나이다.

다섯 번째 도구는 '공감'으로 상대의 감정, 의견, 주장에 대하여 자기도 그렇다고 느끼는 기분을 말한다. 서로 공감이 형성될 경우 고객과 가까워져 더 수월한 영업을 할 수 있을 것이다.

여섯 번째 도구는 '지지'이다. 상대가 말한 의견, 생각, 주장에 대하여 찬성을 표현하며, 응원해주는 마음을 뜻한다.

마지막 일곱 번째 도구는 '격려'이다. 용기나 의욕이 솟아나도록 북돋워 주는 것을 말한다.

위 7가지 사항은 내가 직접 개발한 도구이다. 이외에도 영업 선언문, 가망고객 리스트, 영업 노트, 영업 코칭 7단계 프로세스, 영업 커뮤니케이션, 대화법 등이 있다. 영업을 잘하기 위해서는 나를 잘 알아야 하며, 나의 강점과 약점을 최대한 활용하여야 한다. 결국 영업을 통해 내가 이루고자 하는 목표를 명확하게 하는 데 있다.

지금까지 7가지 코칭 스킬을 간략히 살펴보았다. 모든 스킬을 활용하여 고객과 팀원 그리고 상사에게 적용하면 좋겠지만, 처음부터 너무 욕심부리면 안 된다. 스킬은 스킬일 뿐이다. 고객의 상황과 환경 그리고 목적에 맞게 활용하는 것이 매우 중요하다. 가장 나다운 것이 가장 좋은 스킬이다. 7가지 스킬 중 우선으로 배워 활용해 볼 스킬 3가지를 먼저 정해보자. 이후 집중적으로 연습해보자. 영업의 일급비밀은 바로 코칭을 선택하고, 코칭에 집중하는 것이다.

4

자신의 영업에 반했다

Sales Coaching Skill

지금까지 영업현장에서 팀장이 팀원에게 영업인이 고객에게 코칭을 잘하기 위해서는 관심사를 파악해 질문과 경청을 동시에 활용하자고 이야기했다. 이번에 살펴볼 내용은 인정 스킬Acknowledging Skill이다. 아무리 질문과 경청을 잘한다고 할지라도 인정하고 공감하지 못한다면 아무런 효과가 없을 것이 분명하다. 질문과 경청보다 중요한 것은 인정과 공감이다. 영업 코칭을 근본적으로 잘하고자 한다면 상대를 있는 그대로 볼 줄 알아야 한다. 이는 어떤 의미일까?

영업 코칭을 못하는 이유 중 하나는 자신의 생각을 주입하려는 습관 때문이다. 대부분의 팀장들은 과거 경험에 얽매여 가르치려 한다. 상대를 있는 그대로 보기 위해서는 자신의 판단을 내려놓아야 하는 것처럼 영업 코칭을 잘하려면 일단 인정을 해야 한다.

코칭의 기본은 인정에서부터 시작한다. 특히 회의 시간에 팀원들의 아이디어를 이끌어낼 때 인정은 최대한 많이 해주는 게 좋다. 인정과 공감에서 팀원들의 다양한 아이디어가 쏟아져 나오기 때문이다. 불필요한 이야기는 나중에 처리하더라도 좋은 아이디어를 모으기 위해서는 일단 다양한 의견들이 쏟아져 나와야 한다. 기억하자, 영업 코칭을 할 때는 일단 인정하고, 공감해야 한다는 것을 말이다.

인정 스킬은 긍정적 기여에 대한 피드백, 학습·행동을 인정하는 피드백, 축하 및 칭찬을 하는 데 초점을 맞춘다. 세 가지 접근법은 다음과 같다.

 인정 스킬을 제대로 활용하는 3가지 접근법

1 적시에 진심으로 말한다.
2 구체적인 기여, 학습, 행동을 명확히 언급한다.
3 그 결과를 얻는 데 팀원이 기여한 것을 명확히 한다.

세 가지 인정 스킬 접근법에 대해 살펴봤다면, 더 효과적인 인정과 공감의 조건에 대해 함께 살펴보자. 먼저, 팀원을 인정, 칭찬, 축하할 행동과 상황을 찾고 적절한 방식으로 표현하는 것이다. 영업부에서 팀원의 성과 달성을 인정해주는 표현방식은 크게 두 가지다. 첫째는 인센티브, 둘째는 성공사례 발표다. 초과 달성한 부분에 있어 돈, 여행, 자동차 등의 형태로 회사에서 일을 잘한 팀원에게 제공하는 것을 말한다. 성공사례 발표는 누군가에게는 부담스러운 자리일 수 있지만, 일을 잘하는 영업인의 경우 그들의 목표를 초과 달성한 과정과 결과에 대해 정리하고, 발표하면서 자신감과 자부심을 동시에 갖게 된다.

다음으로는 구체적인 기여, 학습, 행동을 명확히 언급하는 것이다. 결과가 아닌 그 결과가 어떻게 얻어졌는지에 초점을 맞춘다. 누가 뭐래도 영업의 본질은 목표의 달성이며 결과다. 결과로 말해야 한다. 부정할 수 없는 사실이다. 하지만 그 결과를 만들어 내기 위한 팀원의 수고스러웠던 과정에 초점을 맞추는 게 인정과 공감의 시작점이다. 영업에 있어 결과가 중요한 만큼 팀원에게는 결과를 만들어 내기 위한 과정 자체가 소중한 경험이자 자산일 것이다. 그 부분을 충분히 인정해주고, 칭찬하고, 공감해주는 것이다.

마지막으로 기회를 봐서 팀원의 행동이 다른 동료들과 회사와 고객들에게 미친 긍정적 영향에 대해 말해준다. 팀원 개인에게 과정에 대해 충분히 인정, 칭찬, 공감해주는 것도 좋지만, 전체가 있는 자리에서 더 높은 위치에 있는 상사가 인정해주는 것만큼 기쁜 일도 없을 것이다. 기분을 느껴본 영업인이라면 크게 공감할 것이다. 개인의 가치를 인정받고, 다른 사람의 가치를 인정해주는 분위기를 조성하는 것이 바로 우리 팀장인 리더가 해야 할 일이다. 효과적인 인정과 칭찬 그리고 공감의 조건에 대해 정리한다면 다음과 같이 요약해볼 수 있다.

 인정, 칭찬, 공감의 조건

- 팀장은 인정하는 것을 편안하게 받아들인다.
- 팀장은 팀원이 인정받는 기분을 느낄 수 있게 도와준다.
- 팀장은 상황을 주의 깊게 살펴보고 피드백한다.
- 팀장은 팀원이 의견을 솔직하게 표현할 수 있도록 환경을 조성한다.

인정과 칭찬 그리고 공감을 적절히 활용하면 코칭을 더 잘할 수 있고, 팀원을 내 편으로 만들 수 있다. 코칭에 있어 인정은 필수이다. 내용은 이해가 되는데 인정을 잘하는 구체적인 방법이 궁금하다면 다음을 추천한다. 영업현장에서 팀장으로 있는 당신이 팀원을 더 잘 인정하기 위해서 반드시 연습해보길 바란다.

팀원을 더 잘 인정하기 위한 연습

1 팀원을 인정하고 축하할 수 있는 구체적인 방법들을 노트에 적기
2 모든 팀원의 이름을 적고, 그들이 가진 장점을 칭찬하는 말을 포스트잇에 적기
3 칭찬의 말이 적힌 포스트잇을 해당 팀원에게 꼭 전해주겠다고 다짐하기

영업 코칭을 잘할 수 있는 또 하나의 원리는 '존중'이다. 간혹 현장에서 코칭을 막 시작한 영업부 팀장들의 경우 질문, 경청, 인정, 격려, 칭찬, 공감, 지지 등의 스킬만을 중요시하여 사람을 보지 못하고 이슈만을 부각하는 부작용을 낳기도 한다. 상대방을 바라보지 않고, 스킬만을 강조하여 사람을 놓치는 경우가 발생한다는 의미다. 아직 자연스럽지 못한 부분 때문에 생기는 자연스러운 현상일 것이다. 하지만 엄청난 종류의 스킬이 있을지라도 상대를 존중하는 마음이 부족하다면 그 아무리 엄청난 스킬이라도 강력하지 못하다는 것은 자명한 사실이다.

결국 사람의 마음을 열고, 원하는 것을 얻기 위해서는 스킬이 아니라 존중이다. 존중하는 마음은 사람의 마음을 열 수 있다. 따라서 영업 코칭을 잘하기로 마음먹은 당신이 가장 먼저 해야 할 것은 스킬이 아니라 존중이다. 존중은 나를 겸손하게 할 뿐만 아니라

감사하는 마음을 갖게 하는 도구이자 원리다.

그렇다면 존중하는 마음은 어떻게 갖는가? 기본적으로 존중하는 마음은 내 생각, 판단을 내려놓고 상대를 있는 그대로 바라보는 연습을 통해서 기를 수 있다. 기다리지 말고, 먼저 다가가 관심을 표현하는 것이 존중을 위한 시작이다. 팀원이 팀장으로부터 존중받는다고 느낄 때 팀장의 말과 행동에 팀원은 반할 것이다. 고객도 영업인으로부터 진정으로 존중받고 있다는 느낌을 받는다면 우리의 고객은 99% 당신의 영업에 반할 것이다.

5

팀장의 생각 없는 언어가 팀원을 망친다

Sales Coaching Skill

인류가 역사 속에서 직면했던 팬데믹 현상은 여러 번 있었다. 그러나 코로나19 바이러스는 초유의 사태라고 단정할 수 있다. 우리의 평범했던 일상을 180도 바꾸어 놓았다. 지금껏 경험하지 못한 새로운 환경이 펼쳐지고 있다. 마스크 착용은 일상이 되었고, 거리두기로 인해 마음의 거리도 멀어진 것 같다. 신경이 곤두서있고, 툭 건들면 터질 것만 같은 날카로운 사람들의 모습이 차갑게만 느껴진다. 이런 상황에서 영업하는 우리는 어떻게 고객을 만나고, 상사를 대하며 그리고 어떻게 직원들을 관리해야 할까? 영업조직의 팀장이라면 이러한 문제에 대한 고민을 셀 수 없이 하고 있을 것이다.

얼마 전 고객으로부터 연락이 왔다. 약 10년 전 담당했던 대형

거래처 원장님이었다.

"잘 지내니? 너는 내가 먼저 연락하게 하고!…."
"○○○ 원장님, 안녕하세요. 정말 오랜만이에요! 잘 지내시죠?"

10년 만이지만 다행히 원장님의 번호가 핸드폰에 저장되어 있었고, 어제 만났던 사람처럼 반가운 목소리로 안부를 건넸다. 이후 원장님께서는 나의 반가워하는 목소리를 듣고 편하게 이야기를 이어갈 수 있었다고 한다. 가끔 소식이 궁금해 오랜 시간 지나서 전화를 해보면, 상대의 반응에 따라 관계가 계속 이어지기도 하고, 거기서 완전히 끝나기도 한다는 말에 다시 한번 공감하는 일이었다.

다음 날 나는 원장님이 계신 병원으로 찾아가 내가 최근 출간한 책을 선물로 드리며, 서로의 안부를 물으며 이야기를 나눴다. 원장님께서 운영하는 병원은 지역 내 단골 환자가 가장 많은, 입소문이 잘 난 대형병원이다. 환자도 많고, 규모도 크다 보니 다수의 제약회사에서 중요한 거래처로 등록되어있는 곳이다.

제약회사에서는 영업부 직원들에게 정기적으로 영업 마케팅과 관련된 강의를 진행하는데 의사 선생님에게 강의를 요청하는 경우가 많다. 그러나 현재 상황은 집단 교육이나 모여서 할 수 있는 분위기가 아니다. 지금까지 해왔던 방식과 전혀 다른 새로운 형태의 교육이나 콘텐츠를 구성해야 한다. 원장님께서도 기회가 된다면 계속 영업사원들에게 강의를 해주고 싶은 마음이 있어서 자료를 찾는 중에 우연히 나의 인터뷰 기사를 보았고, 어떤 내용을 어떻게 전달해야 할지 답답한 마음과 반가운 마음에 나에게 전화를 한 것이었다. 그날 저녁 원장님에게 바로 메일을 보냈다.

"원장님! 비대면 시대, 포스트 코로나 이후 영업의 방식이나 스킬에 대한 정답은 없습니다. 대안으로 코칭에 대한 영업방식을 고민하고 있습니다. 핵심은 영업하는 조직과 사람에 대한 이해부터 시작해야 합니다…"

특히 그들의 현재 환경과 상황에 대해 진정으로 공감하고 이해하려는 태도에서 시작해야 한다고 말씀드렸다. 많은 영업조직의 영업인이 그렇듯, 나도 현장에서 살벌한 성격의 팀장 아래에서 일한 적이 있다. 그 팀장은 직원을 자기 아래로 보고, 비웃듯 모욕하는 것이 최고의 동기부여 방식이라고 믿는 사람이었다. 아마 우리 주변에 이러한 마인드를 가진 팀장이 많을 것이다. 마치 과거의 성공 경험에 취해 현재에도 과거의 방식이나 방법이 통할 거라는 착각에 빠진 팀장들 말이다.

나는 그 팀장 덕분에 '미래에 내가 팀장이 되면 저렇게 하지 말아야지.'라며 배울 수 있었다. 팀장이라면 영업과 인생에서 성공적인 삶을 살고자 노력하는 팀원들을 위해 각자 그들의 동기부여의 원천이 무엇인지부터 파악해야 한다. 아무리 좋은 의견이라도 팀원들의 상황이나 환경을 모른다면 그들의 마음을 얻지 못할 것이다. 팀원들의 목표는 무엇인지, 현재 상황은 어떤지, 상황 극복을 위해 함께 무엇을 고민할 수 있는지 등을 바르게 이해해야 그들의 마음을 얻을 수 있을 것이다.

대부분의 팀장들은 그들이 과거에 성공했던 경험을 바탕으로 팀원들을 이끈다. 하지만 이러한 팀장 밑에 있는 팀원은 일단 수긍하느라 애를 쓴다. 나보다 상사이고, 윗사람이기 때문이다. 문제는 수긍하는 것이 변화의 시작점이 아니라는 것이다. 앞에서는 수긍하는 척하고, 뒤에서는 전혀 움직이지 않을 것이다. 또 팀원들은 '아, 또 시작이네.' 혹은 '역시 나를 존중해주지 않는구나.'라는 생각을 하게 된다. 결국, 팀원의 마음은 더 멀리 떠나가는 것이다.

팀원의 상황과 환경을 최대한 받아들여야 한다. 그들을 최소한이라도 이해하도록 노력하는 모습을 보여야 한다. 그러면 팀원의 입장에서 자신도 보지 못하는 것들을 볼 수 있게 된다. 과거가 아닌 현재 담당하는 지역의 특성, 고객 등을 가장 정확히 잘 아는 사람은 팀장이 아닌 팀원이기 때문이다. 나는 그걸 팀원의 지혜라고 말한다. 그렇게 팀원이 좋은 지혜를 발휘하도록 발견해주면 팀장에 대한 거부감도 사라지고, 거부할 수 없는 팀장의 매력을 보게 된다.

팀원이 원하는 것은 인정이지, 무시당하는 것이 아니다. 물론 업무적인 지식은 팀원보다 팀장이 더 많이 아는 경우가 많다. 그렇다고 해도 직무에 대한 경험이 많다뿐이지 그 이상도 이하도 아니다. 그러니 제발 생각 없는 말로 팀원을 내쫓거나 떠나보내는 일이 없도록 신경 써야만 한다. 어떤 말을 해야 할지 모르겠다면 그냥 입을 다물자. 팀원이 자신의 말을 할 수 있도록 환경만 조성해주면 된다. 바로 그때 꿈틀거리는 팀원의 지혜가 피어오를 것이다.

14년 이상 영업현장에서 발로 뛰며 수많은 팀장들을 만났다. 그들은 속해 있는 조직 내에서 전문가였다. 경험뿐만 아니라 지식과 지혜가 많은 이들이었다. 하지만 안타깝게도 자신의 피드백을 효과적으로 전달하지 못해 팀원들의 마음을 얻지 못한 경우가 너무나 많았다. 이럴 때면 팀장의 생각 있는 언어가 얼마나 중요한지 새삼 다시 느끼곤 한다. 팀장의 말에 따라 팀원의 영업과 인생이 쭉 뻗기도 하고, 떠나보내기 때문이다.

이것 하나만 기억하자. 과거의 성공 경험에 취해 지혜가 아닌 지식만 전달하지 말고 팀원의 상황과 환경을 최대한 받아들이자. 이해하려는 태도에서 비로소 팀원의 지혜를 발견할 수 있을 것이다.

6

팀원의 성과를 이끄는 인정과 지원

"저의 삶을 다시 되돌아보는 시간이었습니다."
"사람의 마음을 움직이는 강의였습니다."
"스스로 업그레이드된 것 같아서 매우 기분이 좋았습니다."

내가 최근 진행한 강의를 들은 이들의 피드백이다. 이외에도 나는 종종 이런 피드백을 받는다.

"강사님 덕분에 자신감이 생겼어요."
"자존감이 높아지는 것 같아요."

영업현장에서 발로 뛰는 영업사원이라면, 직원들을 코칭 하는 영업부 팀장이라면 고객과 직원의 자신감과 자존감을 높여주는 일은 특히 더 중요하다. 누군가 나를 인정해주고 있다는 느낌을 받을 때 실행력을 높여주기 때문이다.

내 강의가 긍정적인 피드백을 받을 수 있는 비결은 두 가지다. 바로 인정과 지지다. 나의 경우 강의 내내 수강생을 있는 그대로 인정한다. 그리고 그들을 응원하고, 도와주려는 마음으로 아낌없이 지원한다.

'어떻게 하면 고객들의 마음을 얻을 수 있을까?' 혹은 '어떻게 하면 직원들의 마음을 얻을 수 있을까?' 등 영업현장에서 고객을 만나 소통할 때 끊임없이 고민했던 부분이다. 팀장이 되어서는 직원들을 관리할 때 끊임없이 고민하는 부분이기도 하다. 현재 내가 있는 곳에서 상대하는 사람들의 마음을 얻으려면 일단 두 가지만 기억하자. 사람들은 인정받고 싶어 한다는 점과 내 편이 되어주길 바란다는 점이다.

고객을 인정하고, 지지하는 것도 습관이고, 태도다. 나는 언제부터인가 누군가를 만나면 관심을 갖고, 먼저 말을 거는 습관이 생겼다. 보통은 먼저 말하기가 쑥스럽고, 부끄러워서 가만히 있는 편이었지만, 지금은 적극적으로 표현하려고 한다. 스스럼없이 인정하고, 지지하려고 한다. 고객을 만날 때도 마찬가지다. 말하면서 나도 기분이 좋아지니 마다할 이유가 없지 않은가. 덤으로 고객이 내게 호감을 느끼니 말이다.

세계적으로 1천만 부 이상 팔린 게리 채프먼 박사의 『5가지 사랑의 언어』에서도 인정의 중요성이 강조된다. 책 제목에서 말하는 5가지 사랑의 언어란 '인정하는 말', '함께하는 시간', '선물', '봉사', '스킨십'이다. 5가지 사랑의 언어를 활용한다면 팀원은 물론 고객의 마음을 살 수 있을 것이다. 이들 언어가 구체적으로 의미하는 바는 다음과 같다.

첫째, '인정하는 말'은 말 그대로 상대를 인정하거나 인정받는 것을 의미한다. 다국적 제약회사 영업부에서 근무할 때 일이다. 내가 다녔던 직장은 피드백 문화를 존중했던 곳이었다. 1년에 2번 임원과 전 팀원 앞에서 연간 계획에 대해 발표하는 중요한 자리가 있다. 발표하기 전에 팀장이나 선배에게 준비한 발표 자료에 대한 피드백을 구하곤 했다. 여기에서 일반 영업팀장과 코칭 언어를 사용하는 영업팀장이 구분된다.

일반 영업팀장
• "이건 좀 문맥에 맞지 않는 것 같은데?"

- "이건 빼는 게 좋겠어."
- "이 부분은 영 아닌 것 같아."

코칭 언어를 사용하는 영업팀장
- "자료 만드느라 정말 고생 많았어."
- "발표 전에 피드백을 구하려고 하는 모습이 멋있다."
- "열심히 하려는 모습이 보기 좋아!"

코칭 언어를 적절하게 사용할 줄 아는 팀장은 결과에 대한 피드백을 먼저 하기보다는 자료 준비를 한 과정이나 피드백을 구하고자 하는 태도와 모습을 먼저 인정해주고 지지한다. 자료를 가지고 온 직원에게 바로 피드백을 주기보다는 "고생했네, 수고 많았겠어." 이 말 한마디만으로 직원의 사기는 올라간다는 것이다. 직원과의 좋은 관계를 형성하고 싶다면 본인의 똑똑한 모습을 잘난 척하기 전에 직원 한 사람 자체를 있는 그대로 인정해주고 존중해주자.

둘째, '함께하는 시간'이란 팀원과 시간을 가지며 서로를 알아가라는 의미이다. 팀원과 식사를 하거나 대화를 하는 등 함께하는 시간을 즐길 필요가 있다. 그러다 보면 함께 있는 시간 자체로 좋고, 소중하게 느껴질 것이다. 무엇보다 서로에 대해 알게 되어 서로 배려할 수 있는 부분이 생겨날 것이다.

셋째, '선물'은 주는 사람도 받는 사람도 기쁘게 할 수 있는 간접적인 언어라고 할 수 있다. 선물의 값이나 크기가 중요한 게 아니라 상대를 위해 선물을 고르고, 상대가 나를 생각하는 그 마음 자체가 소중한 것이다. 영업하는 사람뿐 아니라 누군가를 위한 작은 선물을 준비해 본 사람이라면 그 가치를 충분히 알 것이다.

넷째, '봉사'이다. 봉사는 상대를 위한 배려의 언어이다. 상대에게 계속하여 묻고, 관심을 가지며 그 자체가 기쁨으로 다가올 수 있다.

다섯째, '스킨십'은 서로를 조금 더 밀착시켜주는 언어이다. 아주 가벼운 스킨십이라도 가깝게 만들어준다. 지금은 코로나19 바이러스 때문에 스킨십을 못 하지만, 강의할 때 수강생들과 가벼운 하이파이브를 하는 등으로 좀 더 빨리 친해지곤 했다. 요즘 주로 하는 스킨십은 눈 맞춤이다. 스킨십은 꼭 몸과 몸이 맞닿아야 하는 게 아니다. 강의장에서도 수강생들과 아이컨택을 하며 소통하려고 노력하고 있다. 아이컨택은 때로 아주 강력한 힘을 발휘하기도 한다.

지금까지 인정하는 말, 함께하는 시간, 선물, 봉사, 스킨십에 대해 살펴보았다. 사람마다 사랑의 언어 5가지 중 생각하는 우선순위가 다를 것이다. 고객 역시 우선순위가 다르기 때문에 처음부터 우리가 고객의 성향이나 취향을 파악하기는 쉽지 않다. 그럴 때 고객을 먼저 인정해주면서, 함께하는 시간을 점차 늘리다 보면 작은 선물을 준비할 기회가 올 것이다. 고객을 위한 배려와 스킨십을 통해 고객과의 관계 형성에 노력한다면 머지않아 원하는 계약 달성에 골인하게 될 것이다.

인정하기에 앞서 꼭 잊지 말아야 할 것이 있다. 바로 진정성이다. 인정하는 것이 중요하다고 해서 맹목적으로 해서는 안 된다. 진정으로 고객을 생각하고 배려할 때, 진정으로 직원의 성장을 응원해줄 때, 그때 비로소 진정성이 발휘될 것이다. 진정성을 가지고 고객과 팀원, 그리고 상대를 인정하고 지원한다면 당신의 노력이 빛을 발하게 된다.

어떻게 하면 진정성을 높일 수 있을까? 하나씩 그 방법을 알아보겠지만, 한 가지 포인트는 바로 자신의 있는 그대로의 모습을 나타내는 것이다. 꾸미려 하지 말고, 있는 그대로의 모습으로 자신만의 색깔을 가져야 한다. 또 한 가지를 말하자면, 겸손해야 한다는 것이다. 겸손은 자신을 낮추는 것이 아니라 상대를 높이는 행위다. 자신과 상대 모두를 존중하는 마음이 있어야 한다는 것이다. 그래야 진정성 있는 인정과 지지가 가능해질 것이다.

7

5차 산업혁명의 언어

Sales Coaching Skill

나는 대학에서 경영학을 전공했다. 경영학을 전공했다고 하면 많은 사람들이 경영이기 때문에 기업을 운영하는 데 필요한 학문이라고 생각한다. 실제로 경영은 초 · 중 · 고등학교뿐 아니라 대학교, 연구소, 기업이나 정부기관, 문화단체 등의 기업에서 다양하게 활용할 수 있다.

그러나 내가 전공한 경영학은 '인력 개발'에 핵심을 두는 학문이다. 산업 경영은 곧 '인력 경영Human resource'이라고도 하는데, 학과의 목적은 인적자원개발 전문가로서의 전문성과 현장성을 갖춘 인력을 육성하는 데 있다. 그런 내가 선택한 직무는 바로 사람과 만나는 영업이다. 이론과 현장의 경험을 배우고 싶었고, 내가 선택한 영업 직무에 꼭 맞을 것 같았다.

내 생각은 똑 맞아떨어졌다. 영업현장에서 영업만큼 중요한 것이 인력 경영이었다. 현장에서 많은 것을 배우게 해준 부분이 바로 팀장의 언어였는데, 수많은 팀장을 거치면서 가장 기억에 남는 팀장은 팀원에게 항상 존댓말과 관심의 표현으로 다양한 질문을 던진 분이었다. 상대를 인정하고, 존중하는 것도 습관이다. 그분이 사용하는 존댓말 자체가 중요한 것이 아니라 내가 팀장으로부터 인정받고, 존중받고 있다는 느낌을 종종 받을 수 있었다는 것이 중요한 포인트다.

그 팀장은 나의 직속 팀장은 아니었지만, 그분을 보며 '나도 팀장이 되면 저런 팀장이 되어야지.' 하고 속으로 다짐하고, 또 다짐했던 기억이 난다. 관계에서 변화의 시도는 리더 팀장가 먼저 해야한다. 부서에서 리더 역할을 하는 부장과 차장, 팀장이나 과장이 먼저 젊은 직원들을 인정하고, 존중하려는 시도를 보여줘야 한다. 그래야 모두가 원하는 방향으로 쉽게 갈 수 있다. 직원들은 팀장의 눈빛, 생각, 언어, 태도와 행동 하나하나에 관심이 많고 민감하기 때문에 팀장의 언어는 생각보다 중요하다.

그럼에도 불구하고 팀장의 언어에 대한 교육은 드물다. 왜 그럴까? 모든 것을 안다고 착각하기 때문이다. 아는 것은 힘이 아니라 아는 것을 실행하는 것이 힘이라는 말이 있다. 언어는 우리가 생각하는 것 이상으로 상대방의 정신적·육체적 건강에 직·간접적 영향을 미친다. 특히 말을 하는 사람이 나보다 상급자라면 그 파급 효과는 더욱 크다고 할 수 있다. 그래서 팀장이 자주 사용하는 언어로 팀원의 마음을 얻기도 하고, 잃기도 한다.

내가 근무했던 회사는 외국계 기업이었는데, 직원들의 근무 만족도와 복지는 매우 높은 수준이었다. 단순히 외국계 기업이라서가 아니다. 직무, 상사와의 관계뿐 아니라 어떤 부분이 만족스러운지, 부족한지 등에 대해 정기적인 설문조사와 피드백을 받아 발전하려고 노력하는 기업 문화가 있어 대다수의 직원들은 만족했다. 반면에 그렇지 못한 회사의 경우 직원들의 불만은 다음과 같다.

 회사에 대한 직원의 불만

- 상사와의 수직적인 대화가 의욕을 떨어뜨리는 원인이다.
- 상사가 나를 인정하고 칭찬하는 일은 거의 없다.
- 효율적인 근무 환경 변화에 대해 제안해도 수용되지 않는다.
- 상사는 항상 부정, 불만의 단어를 사용한다.
- 상사는 늘 나를 관리하려고 해 감시받는 느낌이 든다.

어느 정도 예상은 하고 있었을지 모르지만, 아직도 많은 기업에서 직원들의 목소리를 들으려 하지 않고 변화하려고 하지 않는다. 코칭 스킬을 모르기 때문이다. 이론적으로 아는 것과 실행하는 것은 전혀 다른 부분이다. 위와 같은 피드백이 나오는 문화에 속한 상사들의 생각은 자신이 알고 있다고 착각하는 것이 가장 큰 문제다. 상사인 팀장의 말 한마디가 직원들에게 얼마나 중요한지, 얼마나 큰 영향을 미치는지 알아야 문제 인식을 제대로 바라볼 수 있다.

나는 대학 4학년 때 '패러다임'이라는 것을 처음 접했다. 패러다임의 사전적 정의는 어떤 한 시대 사람들의 견해나 사고를 지배하고 있는 이론적 틀이나 개념의 집합체를 말한다. 팀장이 팀원의 마음을 얻고, 직원들의 사기를 올려주고 싶다면 이 패러다임의 개념을 활용하면 쉽게 실행할 수 있다.

이를 코칭에 대입해보자. 코칭 패러다임은 사물 패러다임 Things Paradigm 과 사람 패러다임 People Paradigm 이 있다. 사물 패러다임은 사물, 물건, 이슈, 현상, 문제에 초점을 맞춰 대화를 이끌어 나간다. 반면, 사람 패러다임은 사람을 최우선으로 바라본다. 예를 들어보자.

팀원

"팀장님, 저 요즘 너무 힘드네요. 일도 꼬이고 재미도 없어요. 좀 도와주세요."

사물 패러다임을 지닌 팀장

- "왜? 무슨 일 있어?"
- "집에 무슨 일 있구나?"
- "와이프와 싸웠니?"
- "왜 그래, 무슨 일이야?"

사람 패러다임을 지닌 팀장

- "일이 재미없을 만큼 많이 힘들구나."
- "일도 꼬이고 재미도 없을 정도로 힘든 상황이구나."

두 팀장의 차이를 알겠는가? 우리는 어느 쪽 패러다임으로 대화하는지 생각해보길 바란다. 대부분의 대화는 사물 패러다임 방식이다. 왜 그럴까? 말하는 상대를 제대로 바라보지 못하기 때문이다. 아무리 좋은 방법을 제시한다 해도 상대의 마음을 읽지 못하면 아무런 소용이 없다. 팀원의 마음을 얻고 싶으면, 고객의 마음을 사고 싶다면 반드시 명심하길 바란다. 앞으로 코칭 언어가 지배한다는 것을 말이다.

Sales
Coaching
Skill

PART 3

코칭 전에
꼭 알아야 할 것들

구체적 목표가 필요해

Sales Coaching Skill

"어떻게 하면 영업팀장들이 효과적으로 코칭할 수 있을까요?"

가장 우선해야 할 과제는 바로 '목표 설정'이다. 무엇을 얻기 위해 코칭 해야 하는지에 대한 명확한 목표 설정이 없다면 서로 시간 낭비일 뿐이다.

또 목표 설정을 마쳤다면 팀장은 직원과 함께 현장을 '동행 방문'해야 한다. 대부분의 팀장들이 이미 함께하고 있다고 생각하겠지만, 동행 방문을 제대로 하는 팀장은 극히 일부분이다. 또 문제는 동행 방문을 할 때, 영업 실적에 대한 평가 및 피드백에 대한 잔소리가 동반되며 그것이 마치 코칭인 것처럼 착각한다.

결과보다 과정을 인정할 줄 알아야 한다. 영업은 숫자고, 결과라는 것은 누구보다 잘 알고 있다. 하지만 영업팀장이 직원들을 코칭한다는 의미는 절대적인 숫자에 대한 평가가 아니다. 결과를 만들어내기 위한 과정에 함께 참여하며 팀원을 인정하며 지지해줘야 한다. 칭찬과 격려를 아끼지 말아야 하고 팀원 내면의 동기를 이끌어내야 한다.

이와 같은 코칭 스킬을 사용한다면, 팀원은 분명 알아서 척척 계획하고 행동할 것이다. 결과를 위해서라도 영업인의 역량을 끌어 올리는 역할을 하는 팀장의 책임과 의무는 매우 중요하다. 또 하나의 방법인 'GROW 모델'을 공부하며 영업현장에서 활용해보길 바란다.

 GROW 모델

Goal (목표 설정하기): What do you want?

Reality (현실 파악하기): What about current situation?

Option (대안 탐색하기): What could you do?

Will (실행 의지 확인하기): What will you do?

위 모델에서 말하는 첫 번째는 'Goal 목표 설정하기'이다. 영업의 단기 및 장기 목표를 설정하는 것이다. 단기 목표는 영업인의 회사 내 목표를 의미한다. 현재 업무에서 성과를 내기 위해 어떤 목표를 달성해야 하는지에 대한 부분이다. 그러기 위해 반드시 명확한 목표가 설정되어야 한다. 반면, 장기 목표는 말 그대로 멀리 보는 것이다. 우리 직장인 대다수는 평생 한 회사에서 일할 수 없다. 언젠가는 회사를 떠나는 그 날이 반드시 온다. 그 이후의 인생을 어떤 방향으로 설계하여, 나아갈 것인지에 대한 물음이다.

두 번째는 'Reality 현실 파악하기'이다. 영업 목표에 대한 현실을 파악하는 단계다. 목표 설정을 하기 위해서는 현실을 바르게 알아야 한다. 왜냐하면, 내가 놓여 있는 상황 및 현실과 이상의 차이가 발생하기 때문이다. 그래서 지금 위치에서 내가 실행할 수 있는 영역이 어디까지인지에 대한 인식이 중요하다. 필요하다면 상사에게 혹은 동료에게 도움을 요청해도 된다. 물론 도움이 필요한 부분이 무엇인지 정확히 전달하려면 현재의 나의 위치와 상황을 파악해야만 한다.

세 번째는 'Option 대안 탐색하기'이다. 가능한 대안과 변화를 가져올 수 있는 실행계획을 명확하게 수립하는 단계다. 영업현장에서 고객을 대상으로 영업을 하는 데 있어 선택 가능한 대안은 많을수록 좋다. 나만의 영업 무기로 활용할 수 있기 때문이다. 따라서 정확한 방법을 찾는 게 아니라 다양한 방법을 구체화하는 게 중요한 포인트다. 순서대로 나열하지 말고, 느낌 가는 대로 쭉쭉 적어 내려가 보자. 우선순위는 이후에 정하면 된다.

네 번째는 'Will 실행 의지 확인하기'이다. 언제부터 실행할 것인지에 대한 질문을 스스로 던져야 한다. 무엇부터 당장 실행할 것인지, 어떤 방법으로 실행하면 좋을지에 대한 구체적인 답변이 마지막 단계이다. 명확한 목표 설정과 방법이 준비되었다 하더라도 실행 계획을 구체화하지 않고, 달성하지 못할 계획이라면 하지 않는 편이 더 효율적이다. 정말로 실행할 의지가 있는지, 지원동기는 무엇이었는지 등 충분히 확인, 또 확인하는 단계가 바로 실행 의지 확인하기다.

지금까지 GROW 모델을 알아보았다. 1장에서 살펴본 7가지 영업 도구를 적용하여 상황과 목적에 맞게 사용할 수 있도록 당신에게 가장 필요한 영업 도구는 무엇이며, 그 이유는 무엇인지 생각해보자.

당신에게 필요한 영업 도구는?		
순위	도구 종류	필요한 이유
1		
2		
3		
4		
5		
6		
7		

2

개성 있는 자신만의 콘셉트를 갖자

Select one Issue Skill

"우주야, 아빠는 어떤 사람인 것 같아?"

얼마 전, 첫째 아들에게 이와 같은 질문을 해보았다.

"아빠? 아빠는 혼자 말하고, 대답하는 걸 좋아하는 것 같아."

아들의 답변을 듣고 백 번 공감했다. 나는 누구보다 자신과의 대화를 즐기는 사람이다. 사람들과 대화하는 것도 좋지만, 가끔은 혼자만의 시간을 갖는 것도 좋아한다. 혼자 커피를 마시고, 산책도 하며, 밥을 먹으며 영화를 보는 등 나를 돌아보기 위해 스스로에 대화를 자주 시도하고자 노력하는 편이다.

이처럼 나만의 시간을 갖는 이유는 생각을 정리하기 위함이다. 앞서 GROW 모델에 대해 살펴보았는데, 각 단계를 더 효과적으로 연습하기 위한 구체적인 실행 방법 질문에 대해 스스로 대화하며 살펴보자.

1단계: Goal(영업 목표 설정하기)

- 어떤 영업 활동에 대하여 이야기 하고 싶니?
- 이 대화를 통해서 무엇을 얻고 싶니?
- 어떤 성과를 얻고 싶니?
- 지금 내용 중에 무엇이 가장 중요하니?
- 그 활동은 나에게 어떤 의미가 있니?

2단계 : Reality(현실 파악하기)

- 나의 현재 상황은 어떤 것 같니?
- 주변에 동료(상사, 후배 등)에게 말해야 한다면 어떻게 말할 거니?
- 원하는 영업 목표가 10점이라면 현재 상황은 몇 점 정도 되니?
- 왜 그 점수가 나왔는지 설명해주겠니?

3단계: Options(대안 탐색하기)

- 현재 상황에서 내가 가장 먼저 해야 할 행동은 무엇이니?
- 자원(시간, 비용, 노력 등)이 더 많다면 어떻게 하겠니?
- 내가 할 수 있는 부분은 무엇이니?
- 주변에 나를 도와줄 동료가 있니?
- 또 어떤 방법이 있니?

4단계 : Will(실행 의지 확인하기)

- 목표 달성을 한다면 기분이 어떨 것 같니?
- 목표 달성 후 스스로 칭찬을 해준다면 뭐라고 해주겠니?
- 언제부터 실행할 거니?

　각 단계의 질문에 대해 살펴보았다. 팀장이라면 팀원에게 코칭할 때 주어만 변경하여 그대로 사용해도 무방하다. 팀장의 존재 목적은 팀원을 관리, 감독하는 것뿐만 아니라 팀원이 현안에 대해 스스로 생각, 실행, 평가하도록 질문, 경청, 인정, 칭찬, 지지, 격려, 공감해주는 것이다. 팀원이 먼저 이야기를 스스럼없이 할 수 있도록 하기 위해서는 팀장이 질문해야 하는데 가장 쉽게 따라 할 수 있는 질문이 바로 GROW 모델 질문이다.

 GROW 모델 질문 예시

- "목표를 어떻게 설정하면 좋을까?"
- "현재 목표 관련 진행 상황에 대해 어떻게 생각해?"
- "내가 도와줄 부분은 뭐가 있을까?"
- "그 일의 해결이 잘 안 되었니?"
- "그 일은 지금 어떻게 되어 가니?"

- "이런 상황이 벌어진 이유가 무엇일까?"
- "정말 잘했다!"
- "최고다!"

코칭의 시작은 이런 질문 위주로 해야 한다. 문제는 임원과 팀장들 대상으로만 코칭 교육이 이뤄지고 있다 보니 팀원들은 아직도 이런 질문 자체가 어색하기만 하다는 것이다.

또한, 아직 대부분의 영업인들은 자신에게 질문하는 것과 자신을 스스로 평가하고 피드백하는 문화가 익숙하지 않기 때문에 이러한 질문을 받으면 일단 의심부터 하는 경우도 많다. 그래서 팀장들은 학습을 통해 지속적으로 팀원에게 코칭하는 모습을 보여줘야 한다. 익숙해지면 편하게 느끼기 때문이다. 두 가지만 기억하면 팀원들의 의심을 해소할 수 있을 것이다.

첫째는 문제보다는 사람 팀원을 먼저 바라보자. 문제의 이슈, 과정, 결과를 바라보기 전에 먼저 팀원을 생각해보는 연습을 하는 것이다. 둘째는 '팀원이 그럴만한 이유가 다 있다.'라는 생각으로 바라보는 것이다. 단순하면서도 강력한 '코칭의 사고'이다.

이 부분을 이해하고, 변화하려고 노력한 이후에 영업과 인생에 상당한 변화가 일어나기 시작했다. 예전에는 아이들이 서로 다투고, 시끄럽게 하면 "조용히 좀 해!", "그만 좀 싸워", "대체 왜 그러는 거야?"라며 불평 가득한 말투로 아이들을 다그치기 바빴다. 순간 잠깐은 조용해지지만 다시 싸우고, 더 시끄럽게 하는 아이들을 보곤 했었다. 하지만 지금은 다투는 아이들을 먼저 바라보기 시작하면서 상황은 많이 달라졌다.

"무슨 일이야?"
"지금 속상하겠네."
"많이 화났구나?"

위와 같이 아이들의 관점에서 함께 공감하고, 질문하고, 들어주다 보니 아이들이 점점 다투고, 싸우는 횟수가 줄어들었다. 영업 현장에서 만나는 고객들도, 회사에서 함께 생활하고 있는 상사와 후배직원들을 대할 때도 마찬가지다. 간단하지만 효과가 좋은 방법 중 하나는 바로 개성 있는 자신만의 코칭 콘셉트를 개발하는 것이다.

팀원의 영업 에너지를 올리자

Sales Coaching Skill

/

"굿!"

"GOOD JOB!"

영향력을 발휘하기 전에 챙겨야 할 것은 격려와 칭찬이다. 여기에 좋은 인품이 전제되어야 하는 것은 두말하면 잔소리다. 즉, 당신이 좋은 인품을 가진 팀장이라면 거기에 격려와 칭찬을 더하라는 것이다. 내 기분, 감정에 따라 표현해서는 안 된다. 당장 팀원의 마음을 얻을 수 있을지 몰라도 오래가지 못한다.

현재 나는 외국계 IT 회사 영업부 팀장으로 일하고 있다. 나의 상사는 늘 나에게 문자로 격려와 칭찬을 쏟아낸다. "굿", "GOOD JOB" 외에 다른 말은 잘 하지 않는다. 짧고, 강렬한 한마디가 내 마음의 그릇을 넓혀주고, 더 큰 에너지를 만들어내는 원동력으로 작용한다. 말로 표현하기는 어렵지만 무언가 채워지는 충만한 느낌이 든다.

코칭은 영업팀장들이 할 수 있는 가장 효과적인 영업사원 스킬 개발 방식으로, 팀원들의 잠재력을 최대한 끌어올려 목표 설정과 실행을 통한 목표 달성을 지원하는 일련의 활동이다. 이제는 천편일률적인 영업교육 방식에서 탈피해야 한다. 강의실에 수많은 영업인들을 모이게 한 뒤, 똑같은 방식과 방법으로 강의하는 것은 더이상 통하지 않는 시대이다.

수많은 영업인들의 에너지를 올리는 방법도 매우 다양하기 때문에 각 개인의 요구와 강점에 맞출 수 있는 코칭 스킬을 활용해야만 한다. 그리고 현재 팀원 개개인이 가지고 있는 기술, 능력, 요구 등 세심하게 관찰하고, 그들의 이야기를 경청해야만 한다. 또 진정으로 그들을 위로하고, 격려하고 칭찬해줘야 한다. 적절한 질문을 통해 그들의 욕구 자극과 함께 의식을 확장할 수 있다.

팀원의 에너지를 올리는 나만의 방법이 있다면 적어 보자.
1.
2.
3.

팀원의 에너지를 올리는 데 필요한 도구는 개개인에 따라 다르다. 기본적인 내용의 핵심은 같더라도 디테일한 부분까지 자세히 지시받고 싶어 하는 팀원, 격려와 칭찬을 받으면 잘하는 팀원 등 다양하다. 그들의 성과를 향상하는 방법은 모두 다르지만 그들의 에너지를 올리는 공통적인 방법은 격려와 칭찬으로 같다. 사람은 누구나 격려받기를 좋아하고, 칭찬받고 싶어 한다. 그렇기 때문에 더욱 팀원을 정확하게 파악하여 각 특성에 맞는 격려와 칭찬을 해야만 한다.

구성원들 앞에서 격려 및 칭찬을 받는 것을 좋아하는 팀원이 있는 반면, 부담을 느끼거나 부끄러워하는 팀원이 있을 수도 있다는 사실을 잊지 말아야 한다. 어떤 경우라도 목적은 같다. 당신의 팀원을 먼저 바라보고, 생각하라는 것이다.

최근에는 코칭과 컨설팅, 티칭과 멘토링의 여러 가지 장점들을 융·복합적으로 활용하는 추세이다. 코칭에도 다양한 커뮤니케이션을 연결할 수 있는 코드를 찾아야 하지 않을까? 코칭을 잘하고 싶다면 컨설팅, 멘토링, 티칭의 강점을 최대한 함께 사용하는 지혜가 필요하다.

『성과 향상을 위한 코칭 리더십』의 저자 존 휘트모어는 코칭 문화를 언급하며 "코칭 원칙이 모든 관리행위와 인간관계에 적용될 때 비로소 사람들의 능력이 최대한 발휘되고 성과가 극대화될 수 있다. 때문에 나는 직장에서 이러한 코칭의 기본 원칙을 널리 인식하고 실천할 것을 강력하게 권한다."라고 했다. 이어 많은 기업에서 기업문화 개혁을 외치면서도 실천을 하지 못하는데 코칭이 이를 개선하는 데 도움이 될 것이라고 덧붙였다.

특히 존 휘트모어는 직장인들이 직장에서 일의 의미와 목적을 추구하려는 경향이 높아지고 있다고 강조했는데, 이는 팀장이 보다 깊은 삶의 문제를 다루는 기술을 제공해야 한다는 의미이기도 하다. 영업인들의 에너지를 올릴 수 있는 가장 효과적인 방법인 코칭이 없다면 기업의 성과는 결코 극대화될 수 없다는 것이다.

이제는 코칭 스킬을 최대한 활용하여 팀원을 관리해야만 하는 세상이 왔다. 팀원의 마음속 생각을 이끌어낼 수 있는 코칭 스킬을 활용한다면 그것만으로도 당신의 삶이 윤택해지는 획기적인 변화가 생길 것이다. 처음에는 다소 어색하겠지만, 나중에는 코칭이 나를 빛나게 해줄 최고의 방법임을 확신한다. 나에게 맞는, 나만이 활용할 수 있는 그런 코칭 방법을 생각해보기를 바란다.

여기서 중요한 점은 아무리 좋은 코칭 스킬 도구를 사용한다고 할지라도 팀원을 바라보지 못한다면 도구는 무용지물이 된다는 것이다. 도구보다 중요한 것은 사람이다. 코칭을 근본적으로 잘하고자 한다면 사람을 알아야 한다. 사람을 안다는 건 어떤 의미일까?

한 가지 예시로, 직장 내 팀장과 팀원의 대화만 봐도 그렇다. "왜 지금까지 못했어?"라고 묻는다면 팀원은 그 상황을 모면하기 위해 구구절절한 설명을 늘어놓기 바쁘다. 자존감은 낮아질 것이고, 자신감 또한 떨어질 게 뻔하다. 그렇다면 팀원의 사기를 올릴 수 있는 칭찬 기법은 무엇일까?

간단한 방법으로 "왜?"라고 반박하거나 "못했어?"와 같은 부정어보다는 '격려'와 '칭찬'으로 바꿔주는 것만으로도 효과가 있다. "왜 지금까지 못했어?" 대신에 "그동안 많이 바빴지? 언제 시작하면 좋을까?"라고 묻는 것이다. 또 "내가 도울 일이 있니?"라고 격려와 칭찬 도구를 활용하여 질문을 바꾸는 것도 팀원의 자존감과 자신감을 좀 더 올려주는 계기가 될 것이다.

질문을 듣는 팀원의 입장도 생각해보자. 팀원의 사고를 더 확장하는 질문을 선택하는 것은 바로 내가 아닌 상대방에 대한 배려에서 시작된다. 팀장인 내가 편하자고 툭툭 던지는 감정적인 단어가 아니라, 장기적인 관점에서 팀원의 개발과 성장을 촉진해주는 구체적이고 긍정적인 질문을 던지는 것이다. 그러면 팀원은 어떻게든 당신에게 실천 의지를 보여주기 위해 노력할 것이다.

팀원의 에너지를 올리기 위해 많은 말을 할 필요가 전혀 없다. 내가 아닌 상대방을 생각하며 격려와 칭찬의 말이면 충분하다. 많은 팀장들이 팀원 관리가 안 된다고 할 때도 '더 잘 관리하는 방법'을 찾고 연구하라. 팀원의 에너지를 올리고 잘 관리하는 팀장에겐 반드시 이유가 있다.

4

임원 리더십 역량은 어떻게 높이지?

Sales Coaching Skill

대학원 동기이자 전 두산그룹 임원인 박 씨는 코칭을 배우고 있다. 그는 비교적 이른 나이 40대에 '기업의 꽃'이라고 불리는 임원이 됐다. 임원들은 집단적 존재인 동시에 개별적으로 활동하는 사람들이다. 그래서 조직 내에서 그들에게 실질적인 도움을 줄 수 있는 사람들은 많지 않다고 한다.

나는 박 씨를 통해 임원들의 특징과 사례들을 접할 수 있었다. 박 씨에 따르면 임원들 간 자리가 불안정해 서로 경쟁이 치열하다고 한다. 이 때문에 주변 사람들을 쉽게 믿지 않아 자신 또는 동료의 성과나 임기에 관해 아무런 조언도 구하지 못하는 실정이다. 결국, 기업의 임원들은 자신의 조직과는 관계가 없는 외부인의 컨설팅 및 코칭을 원한다는 것이 그의 설명이다.

외부 코치는 내부 조직 구성원들이 제공할 수 없는 도움과 아이디어를 줄 수 있다. 또한, 해결책을 발견할 수 있도록 질문과 경청 그리고 공감을 통해 그 실행을 적극적으로 지지하고 격려해줄 수 있다. 코치의 정기적인 코칭을 통해 임원들은 새로운 아이디어를 찾고, 실행할 수 있는 동기부여의 기회가 될 수도 있다. 다양한 이슈와 이유로 인해 임원들의 외부코치에 대한 수요가 증가하고 있는 현실이다.

그럼, 임원들이 모르는 팀장과 팀원의 4가지 특징과 코칭을 배워 실제 현장에 적용할 수 있는 구체적인 방법을 알아보기로 하자.

첫 번째, 자유로운 분위기를 좋아한다. 구성원들은 강압적인 분위기를 좋아하지 않는다. 회의에서 자유롭게 의견과 아이디어를 낼 수 있도록 분위기를 조성해야 한다. 권위를 내세워 자기 말만 한다거나 지나치게 자기의 생각을 주장하는 경우가 생기지 않도록 해야 한다. 아이디어는 자유로운 분위기에서 나오기 때문이다.

두 번째, 평가받는 것을 싫어한다. 지식과 정보는 인터넷 검색만으로 쉽게 알 수 있다. 유튜브 동영상 시청만으로도 채울 수 있다. 이 말은 곧 이미 구성원들 머릿속에 답을 가지고 있는 경우가 대부분이지만 아직 정리하지 못했을 뿐이다. 섣불리 판단하지 말고,

평가하지 말아야 한다. 다양하고 많은 이야기를 할 수 있도록 바라 봐주는 것이 중요하다. 엉뚱한 내용이 나오더라도 다양성의 관점으로 생각하고 수용하는 자세가 필요하다.

세 번째, 말하는 것을 좋아한다. 누구보다 말하는 것을 좋아하는 이들은 팀장과 팀원들이다. 하지만 임원 앞에만 서면 내 의견을 말하기보단 계속 들어야 한다. 두 가지 이유가 있다. 상대적으로 회사 내 임원의 위치가 자신의 위치보다 높고, 회사라는 점 때문이다. 지금까지 그랬다면 앞으로는 팀장과 팀원들이 마음껏 말할 수 있도록 문화를 만들어줘야 한다. 임원이 해야 할 일이다. 임원이 입을 닫고, 팀장과 팀원이 입을 여는 순간 성과는 자연스럽게 올라갈 것이다.

마지막으로 임원과 친해지고 싶어 한다. 팀장과 팀원의 진짜 속마음은 임원처럼 되고 싶다는 것이다. 모든 구성원의 마음은 아닐 수 있다. 하지만 대부분의 구성원들은 승진하고 싶어 하고, 더 많은 수입을 받고 싶어 한다. 그 사람처럼 되고 싶다는 말은 곧 그 사람과 친해지고 싶다는 의미이다. 현실은 어떤가. 그럴 기회가 없다. 기회가 없기 때문에 친해지기도 어렵다. 이러한 구성원들의 속마음을 이해하고, 공감해주는 지혜가 필요하다.

상대를 내 편으로 만들고, "나는 당신에게 관심이 있어요."라고 표현하는 방법으로 질문하기가 있다. 질문은 상대에 대한 관심의 표현이다. 적절한 질문은 자유로운 문화와 분위기를 조성한다. 옳고 그르다를 논하는 평가가 아니라 상대에 대한 존중의 표현이기도 하다. 또한, 질문은 구성원들의 마음을 열게 하여 더 많은 이야기를 하게 한다. 마지막으로 구성원들을 이해할 수 있으며 서로 공감할 수 있다. 그러니 우리는 반드시 질문해야 한다.

임원이라고 팀장에게 혹은 팀원의 마음을 산다는 착각에 빠져 열 마디 늘어놓지 말자. 오히려 한마디 질문으로 스스로 생각하도록 기회를 제공하는 것이 좋다. 질문할 때 유의할 점이라고 하면, 호기심을 채우거나 정보를 알아내기 위한 질문이 아니라 상대방을 중심으로 팀원 스스로 생각하게 하는 질문을 던지는 것이다.

이런 질문은 상대방에게 스스로 성찰하는 기회를 제공한다. 또한, 자신의 내면을 관심 있게 들여다보고 탐구한다. 결국, 숨어 있는 잠재 능력을 이끌어낼 뿐만 아니라 새로운 관점과 아이디어를 얻어 행동하게 된다. 따라서 제대로 된 질문은 자신의 호기심을 채우거나 정보를 알아내는 질문이 아니라, 상대를 바라보며 팀원의 성장을 촉진하는 데에 초점이 맞춰져 있어야 한다.

마케팅 업무 담당 기회를 얻으려고 지원한 영업부 직원과의 대화

A 팀장 무엇 때문에 지원했니?

B 팀장 잘할 수 있다고 생각하니?

C 팀장 이 업무가 네게 주는 발전 가능성은 무엇이며, 이를 통해 어떠한 목
표를 이루고 싶니?

위 질문은 내가 실제 영업부에서 근무하던 때 받은 것이다. 마케팅 업무를 맡아 진행하는 기회를 얻고자 지원한 뒤, 세 명의 팀장에게 이와 같은 질문을 받았다. 여러분이라면 어떤 질문을 받았을 때 자신의 내면을 관심 있게 들여다볼 수 있을까 생각해보길 바란다. A 팀장과 B 팀장의 질문보다는 C 팀장의 질문을 받을 때, 자신의 잠재 능력을 이끌어낼 수 있을 뿐만 아니라 새로운 관점과 아이디어를 얻을 수 있을 것이다.

코칭의 접근 방법에서 팀원이 직면한 문제를 해결하는 것 이상으로 자기 존재 방식과 정체성에 대해 알도록 하는 것이 중요하다. 결국, 문제를 해결하는 것은 되고 싶은 존재 방식과 정체성에서부터 출발하기 때문에 의미에 대한 질문이 중요하다.

또한, 질문을 듣는 팀원의 입장도 생각해보자. 스스로 내면을 성찰할 수 있도록 질문하는 것은 바로 상대방에 대한 배려에서 시작된다. 기업의 임원이라면 팀장과 팀원에게 공감하며 질문을 던져야 한다. 좋은 질문을 적절한 타이밍에 던지기 위해 지금 임원들은 코칭을 배우고 있다.

5

눈부신 성과를 유도하는 힘

Sales Coaching Skill

영업하며 눈부신 성과를 내고 싶다면, 커뮤니케이션을 잘하는 지혜가 필요하다. 영업현장에서 만난 고객과 대화를 나누던 중 제품이 비싸다는 한 고객이 있다. 이 고객을 대하는 두 영업사원의 반응을 살펴보자.

고객 ○○ 백신 접종 효과가 70%도 안 되는데 ○○원이면 조금 비싼 것 같네요?

A 영업사원 사실, 타 백신의 경우 효과는 50%도 안 됩니다. 그것보다 높으니 비싸지 않아요.

B 영업사원 네, 고객님. 충분히 비싸다고 느끼실 수 있습니다. 그러나 이미 접종하신 분들에 따르면, "현재 내가 할 수 있는 최고의 선택이었다."라며 안심하고 만족하시더라고요. 그래서 효과는 70%지만 접종하신 분들의 만족도는 100%이지 않을까 싶어요.

고객이 효과에 비해 가격이 비싸다고 말하면 대부분은 "그렇지 않아요."라며 고객 입장의 반대에 서서 자신의 의견을 피력하는 경우가 많다. 제삼자가 바라볼 경우 변명 아닌 변명을 늘어놓는 것처럼 보이기도 한다. 위의 예시에서 "타 백신의 경우 효과는 50%도 안 됩니다. 그것보다 높으니 비싸지 않아요."처럼 말이다.

그렇다면, 두 대답을 비교해보자. 어느 쪽 영업사원과 함께 비즈니스를 하고 싶은가? A 영업사원은 고객의 말에 반대하는 입장처럼 보이고, B 영업사원은 일단 고객의 말에 공감하며 내가 원하는 방향으로 비즈니스 커뮤니케이션을 이끌고 있다.

위 대화는 실제 제약회사에서 영업하던 당시 현장에서 사용한 대화법이다. 자신이 담당하고 있는 제품의 효능 및 효과 데이터 수치가 비교적 낮다면, 실제 접종한 환자들의 경험담을 전달해주는 편이 더욱 효과적이다.

한번은 보험업을 하는 수강생 한 분이 나를 찾아와 고민을 털어놓은 적이 있다. 고객에게 상품을 설명할 때면 분명 마음에 들어 하는 느낌인데 실제 계약으로 이어지지 않아 답답하다는 것이었다. 준비한 모든 설명을 마쳤으니 마냥 계속 기다려야 하는지 아니면 고객을 다시 한번 설득해야 하는지를 물어왔다.

"보험 상품의 설명을 듣고 고객은 어떤 말을 하시던가요?"

"상품은 좋은데, 당장 필요한지 확신이 서지 않는다고 했어요."

"확신이요?"

나는 상황을 좀 더 자세히 들어보기로 했다. 상품에 관심을 보이는 고객은 대형 어린이집을 운영하는 원장이다. 원장의 남편은 현재 외국계 금융회사 팀장으로 억대 연봉을 받는 고소득 직장인이라고 했다. 그러나 각종 보험으로 나가는 월 지출이 꽤 많은 상황에서 추가로 남편의 종신보험을 들어야 할지 고민 중이라고 했다. 고민하는 이유는 하나 더 있었다. 지금은 모든 게 다 잘 되어 다행이지만 이전에 남편이 직장을 그만두고 수입이 없어 2년간 힘든 시간을 보냈다고 한다. 앞으로 또 어떻게 변할지 모르는 상황에 대한 두려움을 늘 갖고 있어 섣불리 보험을 들 수 없다는 것이다.

고객의 생각과 보험의 특성은 매우 닮아있다. 보험의 목적은 당장 필요하지는 않아도 앞으로 어떻게 될지 모르는 상황에 대한 대비를 미리 하는 것이다. 나는 수강생의 고민을 모두 들은 후 일단 원장이 가입한 모든 보험에 대한 설계를 시작으로 종신보험 가입 여부를 확인하라고 했다.

가입 여부를 확인해보니, 원장은 수많은 보험에 가입해 남편의 종신보험도 들어놓은 줄 착각하고 있었다는 것을 알 수 있었다. 이제 이 사실을 원장에게 어필할 일만 남았다. 무엇보다 원장의 남편은 현재 월 천만 원 이상 소득을 올리는 고소득자이다. 이들은 앞으로 일어날지도 모르는 상황에 대해 준비할 수 있는 여유가 있는 분들이고, 보험에 대한 신뢰도가 두터운 고객이다. 월 20~30만 원의 종신보험 비용 지출은 원장에게 큰 부담은 아닐 것이다. 힘들었던 2년의 과정들을 다시 돌아보며 종신보험의 필요성을 강하게 어필한다면 충분히 계약이 성사될 것 같았다.

 원장이 남편의 종신보험에 가입할 확률이 높은 이유

1 부부가 모두 고소득자이며 보험 지출에 대한 큰 부담이 없는 상황이다.
2 남편의 종신보험 가입이 되어 있지 않다.
3 보험에 대한 믿음과 신뢰가 있다.

위 3가지의 사항을 바탕으로 수강생에게 내 생각을 전달했고 이를 토대로 계약을 진행해보라고 조언했다. 그러나 이후에도 계약 소식은 깜깜무소식이었다. 이후 나는 고객에게 솔직하게 물어볼 것을 권했다. 그 결과 원장에게 다음과 같은 답변을 들을 수 있었다.

수강생 원장님, 제가 보험 영업을 정말 잘하고 싶은데 계약 마무리 단계가 잘
되지 않은 것 같습니다. 괜찮으시다면 제가 어떻게 하면 마무리까지
잘할 수 있는지 조언을 구해도 될까요? 조언해 주신다면 분명 앞으로
제가 일하는 데 크게 도움 될 것 같습니다. 부탁드립니다.

고객 네. 사실 남편 종신보험을 예전에 가입한 줄 알았는데 덕분에 가입되어
있지 않다는 사실을 알게 되어서 너무 감사한 마음이에요. 상품의 설명을
들어보니 내용도 좋고, 정말 필요하다는 생각이 들었어요. 하지만 말씀하
실 때 너무 자신감이 없어 보여서 이 보험에 정말 가입해도 될지 확신이
들지 않았어요. 그래도 이렇게 솔직하게 말씀해주시니 감사하네요.

여기서 우리가 중요하게 봐야 할 대목이 있다. 바로 말할 때의
자신감이다. 보험업을 막 시작한 초보가 아니라면 고객에 대한 정
보나 상황에 대한 분석 없이 접근했을까? 그렇지 않았을 것이다.
어느 정도 경력이 있는 보험영업인이라면 고객에 대한 기본부터
다양한 정보 분석을 통해 접근할 가능성이 상당히 높다. 그럼에도
불구하고 원장이 확신을 느끼지 못했던 건 자신감의 결여로 인해
말에 힘이 없었기 때문이다. 더 자세하게 말하자면, 정직하게 상품
의 설명만 할 뿐 질문과 경청, 공감과 인정이 없었다. 상품 설명을
한 번에 전부 끄집어내서 고객에게 전달하는 게 중요한 게 아니라,
중간중간 고객이 내 말을 이해하고 있는지 물어보며 소통을 이어
가야 한다.

오늘 상품의 모든 설명을 다 할 필요는 없다. 소통할 때 서로의 장단점을 알고 관심을 가지며 상호 보완할 수 있는 관계가 오래도록 좋은 상태를 유지할 확률이 높다. 계약은 마무리가 아니라 시작이다. 고객과 좋은 관계를 유지하기 위한 첫걸음은 자신감을 가지고 소통하는 것이다. 영업과 코칭은 상대에 관심을 갖고 존중하며 질문과 경청을 통해 만들어진다. 결국, 눈부신 성과를 유도하는 코칭의 힘은 여기에서 나온다.

6

미래의 프로 팀장

Sales Coaching Skill

/

일대일로 컨설팅을 할 때 있었던 일이다. 팀장과의 극심한 갈등을 겪고 있는 한 남성분이 나를 찾아왔다. 영업을 시작한 지 5년 정도 되는 영업인이었다. 그는 회사 내에서 평도 좋고, 일도 잘하는 자타공인 영업 고수였다. 하지만 팀장 때문에 회사를 그만두어야 할지 고민을 할 정도로 전전긍긍하는 모습이었다.

일대일 컨설팅의 특징은 세 차례 만나며 속 깊은 이야기를 들어보는 것이었다. 컨설팅 첫날, 나는 그에게 한 가지의 과제를 내주었다. 일하며 느낀 팀장의 장단점은 무엇이며, 그는 어떤 사람인지에 대해 적어와달라는 것이었다. 다음 주가 되어 그는 과제를 완성해서 가지고 왔다. 그의 말에 따르면, 그 팀장은 전국 매출 TOP을 달성하고자 늘 노력하는 성과주의자라는 딱 한 가지의 장점을 갖고 있었다. 반대로 단점은 '칭찬에 야박하다.', '인정하지 않는다.' 등 A4 절반을 채울 정도로 많은 말을 쏟아내었다.

얼마 전, '능력 있는 직원이 회사를 떠나는 이유'를 주제로 한 재미있는 연구 발표 기사를 보았다. 주된 내용은 칭찬에 인색하고 혼만 내는 팀장과 함께 일하며 받는 스트레스가 심장마비와 같은 심장 질환 가능성을 60% 더 높인다는 것이었다. 창업해서 사장이 되지 않는 이상 어느 조직에서든 팀장은 있다. '경영학의 아버지'라고 불리는 피터 드러커는 "상사를 100% 파악해 그에게 맞추고 상사의 실적을 올려라."라고 말하지만 요즘 세상에서 꼰대와 같은 나쁜 상사를 진정으로 받아들이기란 너무도 어려운 일이다. 이 때문에 창업 열풍이 불고 있는지도 모르겠다.

업무를 하다가 직장상사와 대화를 나눈 후 느껴지는 기분을 10점 만점으로 평가하도록 한 연구도 있다. 기분이 나쁠 경우 혈압이 올라가며, 특히 상사의 안 좋은 말은 퇴근하고 나서도 혈압에 계속 영향을 주는 것으로 나타났다. 더구나 이런 감정은 다음 날이 되어도 없어지지 않는 것으로 나타났다.

성과를 위해서는 어떻게든 팀원들을 몰아붙인다는 그 팀장의 이야기를 들으며 14년 전 영업현장에 처음 발을 디뎠을 때가 떠올

랐다. 일부 팀장이 주로 팀원들에게 사용하는 조언이라고 착각하는 발언은 다음과 같다.

 팀장이 조언으로 착각하는 발언

1 "야, 너 지금 뭐 하나?"

2 "진짜 답답하다. 일을 이렇게 하고 잠이 오냐?"

3 "일에 대한 열정이 없네. 그만둬라!"

4 "기본이 없네. 지금까지 뭘 배웠니?"

5 "어이가 없다. 그냥 가라."

6 "어디야? 뭐 하고 있어?"

7 "고등학생이 너보다 잘하겠다!"

나를 찾아온 그는 회사 내에서 TOP 5에 속하는 영업 고수였다. '그런 그가 왜 팀장에게 스트레스를 받을까?' 하고 처음에는 의아하게 생각했다. 하지만 이야기를 쭉 들어보니 어느 정도 이해할 수 있었다. 그 팀장 밑에는 그를 포함한 총 5명의 팀원이 있었는데 팀장의 언어 말에 문제가 있음을 직감적으로 느낄 수 있었다.

위 7가지 언어는 그의 팀장이 영업 실적이 좋지 못한 팀원들에게 주로 사용하는 표현이라고 했다. 내 첫 저서인 『거절에 대처하는 영업자의 대화법』의 목차 중 '반응하고, 공감하고, 인정하라'에 쓰였던 내용이기도 한데, 핵심은 질문과 경청이다. 코치는 질문을 통하여 코칭 받는 사람 내면의 잠재의식을 일깨워주는 역할을 한다.

또한, 답변하는 사람의 말에 잘 반응하고, 공감하며, 인정해주면서 경청하는 것이 코치가 할 일이다. 상대의 이야기를 듣는 게 전부다. 대신 단순하게 그냥 들으면 안 된다. 들으면서 함께 울고, 웃으면서 반응해야 한다. 공감할 땐 온몸으로 공감하고, 칭찬과 인정을 하면서 상대의 자존감을 올려줘야 한다. 자존감은 스스로 가치 있게 여기는 마음이다. 상대에게 존중받는다고 느낄 때 자존감은 올라갈 것이다.

영업은 외부에서 다수의 고객을 만나 비즈니스를 하는 행위다. 무엇보다 자존감으로 무장하고, 자신감을 갖는 것이 매우 중요하다. 보이지 않는 에너지이지만 우리의 고객은 척 보면 바로 알 수 있다. 그 영업사원과 비즈니스를 해야 하는지 말아야 하는지를 말이다. 팀장은 바로 이런 코치가 되어야 한다. 팀원들의 사기를 누르고, 자존감을 끌어내리는 것이 아니라 그들의 사기를 올려주고, 자존감을 올려주기 위해 끊임없이 연구하고 노력해야 한다.

시간이 흘러 결국 그는 회사를 떠났고, 현재는 더 높은 연봉과 복지가 좋은 회사로 이직에 성공했다는 연락을 받았다. 더 충격적인 사건은 그와 함께 근무했던 팀원 4명 모두 회사를 떠났다고 한다. 지금 이 책을 읽고 있는 당신이 팀장이라면 생각해보자. 한 번이라도 위의 부정적인 말들을 팀원에게 한 적이 있는지 말이다. 만약 있다면, 팀원은 업무로 인해 피드백을 받았다고 생각할까? 그건 절대 아니다. 오히려 인격적으로 모욕을 받았다고 생각하며 자존감은 바닥을 칠 것이다. 그러면 앞으로 어떻게 해야 할까.

이제부터 우리 팀장들은 팀원들을 코칭 해야 한다. 코칭은 팀장들이 팀원의 역량을 개발할 수 있는 가장 효과적인 커뮤니케이션 도구다. 팀원의 잠재 능력을 최대한 끌어올리고 목표를 달성하도록 지원하기 위한 일련의 활동이다. 영업인들에게 코칭이 강력한 이유 중 하나는 각 개인의 요구와 강점에 맞출 수 있다는 장점이 있기 때문이다. 팀원마다 처해 있는 환경과 상황이 다르기에 세심하게 관찰하고, 팀원 개개인의 이야기에 경청해야만 한다.

조언이 필요한 경우에는 '사실Fact' 중심으로 솔직하게 피드백해 주어야 한다. 그 사람의 성향, 태도, 인성을 부정적으로 언급하는 순간, 당신과 함께 갈 수 없다는 것을 명심해야 한다. 질문도 강요하거나 지시적인 것보다는 요청·지지 등의 비지시적인 것이 더 효과적이다. 그리하여 자신의 약점 때문에 자존감을 바닥 치게 하는 게 아니라, 강점을 바탕으로 자신감 있는 비즈니스를 할 수 있는 환경을 조성해주어야 한다.

현장에서 느낀 것 중의 하나가 코칭에 대해 잘못 이해하고 있는 팀장들이 많다는 것이다. 우리가 잊지 말아야 할 것 중의 하나는 코칭은 성과에 대한 검토가 아니라 목표를 함께 달성할 수 있도록 하는 과정 설계를 말한다. 일 잘하는 최고의 영업 고수가 팀장과 함께 일하는 것을 견디지 못해 결국 회사를 떠났다.

그렇다고 무조건 견뎌야 한다고? 지금은 구석기 시대가 아니다. 견뎌야 하는 시대는 끝났다. 함께 만들어 가는 거다. 좋은 팀원과 함께 오래 일하고 싶다면 반드시 기억하길 바란다. 미래의 프로팀장은 프로 코치여야 한다.

7

인정과 칭찬에 인색하지 말자

Sales Coaching Skill

/

인정과 칭찬은 코칭 스킬에 빠져서는 안 되는 도구 중 하나다. 사전적 의미를 살펴보면 인정은 '남을 동정하는 따뜻한 마음'이다. 의역해보면 인정이란, 평소의 태도, 품성, 가치관 등을 말해주면서 그 사람의 존재를 알아 봐주는 것을 말한다.

칭찬은 '좋은 점이나 착하고 훌륭한 일을 높이 평가함 또는 그런 말'을 말한다. 팀원이 이루어낸 성과를 즉시, 구체적으로 간결하게 축하해 주는 것을 의미한다. 즉, 인정과 칭찬을 적절히 활용하면 팀원의 충성도를 올릴 수 있다. 동기부여를 할 수 있다는 것이다.

미국의 심리학자 프레드릭 허츠버그는 "동기부여는 직무환경이나 임금조건과 같은 위생요인보다는 직무상의 성취, 인정, 성장,

책임, 보람 등 동기 요인이 우선으로 충족되어야 한다."라고 말했다. 또 옛말 중에 자신을 이해해주고, 알아주는 사람을 위해서는 목숨도 바친다는 말이 있다. 사람은 누구나 인정의 욕구, 칭찬의 욕구에 목말라 한다. 조직 내에서도 더 높은 단계의 충성도를 심어주기 위해서는 인정과 칭찬의 욕구를 활용해야 한다.

나의 수강생 중에 주변의 부러움을 살 정도로 영업을 잘해서 승승장구해 팀장이 된 분이 있다. 10년 넘는 경력을 자랑하는 영업 베테랑이다. 그런데 어느 날 그가 고민이 있다며 나를 찾아왔다.

"팀원들이 내가 있을 때는 뭐든지 다 할 것처럼 말하는데, 뒤에서는 다른 소리를 하는 팀원들이 있어요. 뭐가 문제일까요?"

영업을 잘하는 팀장이 있다는 것은 분명 팀원에게도 좋은 일이다. 배울 게 많기 때문이다. 그런데 무엇이 문제였을까? 자세한 이야기를 들어보니 그 팀장에겐 확실히 문제가 있었다. 팀장이 과거에 경험에서 이루어 낸 성과와 결과만을 가지고 팀원들에게 업무를 지시하곤 했는데 그게 문제였다. 너무 자신의 이야기만 하다 보니 팀원의 마음을 얻을 수 없던 것이다.

팀장 앞에서는 "네, 알겠습니다. 그렇게 해보겠습니다."라고 하지만, 정작 팀원 자신의 상황과 환경이 맞지 않으니 잘 될 리가 없다. 그럼 어떻게 말을 해야 팀원의 마음을 얻을 수 있을까?

이럴 때 내가 종종 쓰는 도구는 '인정'이다. 적극적일수록 좋다. 예를 들면, 지금까지 영업한 팀원의 생각을 말하게 한다. 어떻게 영업하는지, 고객의 반응은 어떤지, 영업하면서 어려운 점은 무엇이 있는지, 팀장으로서 도와줄 부분이 있는지, 회사에서 어떻게 도와주면 좋을지 등의 데이터를 모으는 것이다. 이러한 질문에 팀원이 직접 답하게 하고, 그 답을 인정하는 것이다. 팀원의 이야기를 듣고, 인정하는 팀장의 역할은 다음과 같다.

 팀원에게 인정받는 팀장의 역할

- 팀원의 약점이 아닌 강점에 집중하는 것
- 팀원의 눈을 맞추며 경청하는 것
- 팀원을 지원하고, 도우며, 강점을 극대화할 수 있도록 함께 하는 것
- 팀원이 직접 변화하고, 성장하도록 지원하는 것
- 팀원에게 올바른 질문을 하는 것
- 팀원의 강점, 능력을 발견하고, 발휘할 수 있도록 기회를 제공하는 것
- 팀원이 직장에서, 이루고자 하는 사항이 무엇인지 물어보는 것
- 팀원을 믿어주는 것

그다음으로 많이 사용하는 도구는 '칭찬'이다. 예를 들면, 회사에서 팀원이 기여하고 있는 부분이나 잘하고 있는 점을 콕 집어 말해 주는 것이다. "이번 워크숍을 준비하면서 고생 많았겠어. 많은 도움을 줘서 정말 고마워." 또는 "이번 연간 계획 발표를 체계적으로 잘 준비했더라. 정말 고마워." 등 구체적인 사실을 바탕으로 칭찬해야 한다.

칭찬할 땐 세 가지 법칙만 기억하자. 첫째, 칭찬은 즉시 그리고 구체적으로 한다. 간혹 칭찬을 하면 스스로 과대평가하는 팀원들이 있어서 역효과라고 말하는 팀장들이 있다. 그렇다면 더욱 구체적인 사실을 바탕으로 칭찬해야 한다. 진정성 없이 "수고했네, 잘했어."와 같은 방식은 좋지 못한 방법이다.

둘째, 칭찬이 화합을 이루는 데 가장 좋은 수단이라는 걸 잊지 말자. 칭찬은 이럴 때 참 효과적이다. 예를 들어 회사에서 워크숍을 왔다거나 회의실에 원형으로 둘러앉은 경우, 시계방향으로 한 사람씩 가운데에 선다. 서 있는 사람을 제외하고 원형으로 앉아 있는 모든 사람들이 가운데 서 있는 사람에게 칭찬을 한마디씩 해주는 것이다. 일명 칭찬 샤워다. 아주 작은 실천이지만, 부서 전체가 친밀해지고 소통과 화합이 이루어지는 경험을 할 수 있을 것이다.

셋째, 힘든 프로젝트를 진행하거나 목표가 높은 어려운 일에 도전할 때 팀장의 상사인 임원, 대표들을 통해서 팀원을 격려하고, 칭찬해주는 것이다. 예를 들면, 프로젝트의 성과가 좋거나 목표가 높은 어려운 일을 잘 수행했을 때 팀원에게 격려와 칭찬의 메일을 보내면서 상무와 지사장 및 대표를 참조에 넣는 것이다. 팀원에게는 굉장한 동기부여가 될 것이다. 칭찬의 강력한 힘이다.

기업문화는 변해야 한다고 외치고 있지만, 아직도 예전의 관습과 전통방식으로 팀원들을 다그치는 국내 기업들이 너무도 많이 있다. 코칭이 기업에서 새로운 문화에 맞는 관리 스타일이고, 지시형에서 코칭형으로 바뀌면 조직의 문화도 바뀔 것이라는 사실을 인식하고 있다. 인식만 하고 실천하지 않는 게 문제다.

오늘날 상명하복 관계가 상호지원 관계로, 무조건적 비난이 공정한 평가로, 외부적 동기부여가 자기 동기부여로 바뀌었다. 비밀과 검열은 공개와 정직으로, 정직성과 공정성을 바탕으로 조직의 문화가 투명하게 바뀌어 가는 것이 오늘날 기업문화의 특징이다.

새로운 조직문화로 변해야 하는 실질적인 이유는 무엇일까? 전 세계적으로 심화하고 있는 경쟁은 조직의 간소화, 효율화, 유연화를 요구하고 있다. 연령층의 변화, 유럽통합의 가속화, 동유럽 국가들의 재편이 새로운 도전 과제로 떠올랐고 세계화가 커다란 화두가 되었다. 우리나라 역시 점차 바뀌어 가야 할 것이다.

인정과 칭찬은 사람들을 행복하게 해준다. 긍정의 좋은 기분을 듬뿍 느끼게 해주며, 할 수 있다는 자신감과 자존감을 올려준다. 세상엔 영업을 정말 잘해 초고속 승진을 한 팀장들이 너무나 많다. 그러나 절대 자신의 과거 경험을 빗대어 팀원들을 가르치려 하거나 부정적인 말을 쏟아내선 안 된다.

요즘 들어 말 한마디 한마디가 얼마나 중요한지 많이 느끼곤 한다. 인정과 칭찬을 통해 팀장과 회사에 대한 충성도가 올라가기도 하고 내려가기도 한다. 이것 하나만 기억하자. 팀원의 이야기를 무시하고, 약점에 집중할 게 아니라 인정과 칭찬으로 말할 때 팀원의 충성도가 훨씬 더 올라간다는 것을 말이다.

Sales Coaching Skill

PART 4

유능한
팀장이 되기 위한
코칭 전략

1

머리가 아닌 가슴으로 하라

Sales Coaching Skill

코칭은 단순한 지시나 명령보다는 영업인들의 능력을 이끌어내는 데 적합한 커뮤니케이션이다. 지시나 명령은 머리로 하지만 팀원의 감정과 공감을 읽어내는 코칭은 가슴으로 한다. 또한, 지시나 명령을 받은 팀원 입장에서는 자신이 마치 공장 내 부품 요소 중 하나라고 생각할 수 있으나 팀원의 감정과 공감을 읽어줄 때는 동일한 목표 달성을 위해 함께 노력하는 파트너로서 존중받는다고 느낀다.

영업현장에서 발로 뛰는 영업인들이 영업 고수가 되기 위해서 반드시 가져야 할 세 가지 능력이 있다. 잠재력, 창의력, 독창성이다. 이 세 가지는 참 희한하게 팀장에게 팀원의 감정을 존중받고 있을 때 또는 팀장이 팀원의 이야기에 공감할 때 발휘된다고 한다.

이 말은 곧 스스로 자신의 잠재 능력을 발휘할 수 있도록 팀장은 신경 써야 한다는 것이다.

이와 관련하여 세계적 기업인 구글의 인재경영 방식은 주목할 만하다. 구글이 원하는 인재상은 리더나 상사의 도움 없이 언제 어떤 상황에서도 일을 스스로 추진할 수 있는 사람이다. 구글은 이러한 인재를 채용하고 유지하기 위해 20%의 근무시간 원칙을 마련했다. 근무시간 중의 20%는 자신이 하고 싶은 일을 어떤 일이든지 할 수 있도록 허용하는 정책이다. 하지만 이 시간을 헛되게 쓰는 직원들은 아무도 없다고 한다. 모두 자신의 업무와 관련 있는 관심 분야를 연구했다. 이러한 구글의 문화는 구성원들 간의 믿음, 신뢰로 이어져 서로 간의 감정을 존중하고, 존중받으며 공감을 이끌어 내기에 충분하다.

최근 코칭 스킬이 팀장들에게 필수 역량으로 요구되고 있다. 이와 같은 현상은 특히 내가 속해 있는 영업조직에서 더욱 두드러진다. 많은 기업에서 영업팀장에게 코칭 스킬을 교육하고, 코치 및 강사를 섭외해 온·오프라인으로 코칭 문화를 정착하기 위해 노력하고 있다. 실적에만 급급한 지시와 명령, 압박이 아니라 사원부터 대표까지 활기차고 에너지 넘치는 열정의 영업인들로 가득 찬 문화를 만들고자 한다면 이제는 움직여야 한다.

앞으로는 '코칭'이 더욱 중요해질 것이다. 세상의 모든 지식은 각종 포털사이트와 유튜브에 다 나와 있는 시대라 요즘 사람들은 다 똑똑하고, 전문적이다. 요즘 사람인 신입사원들을 설득하려면 먼저 그들의 이야기에 집중해야 한다. 업무지시를 할 때도 마찬가지다. 일단 팀장의 옛날 성공 경험은 다 빼야 한다. 아래는 실제 현장에서 신입사원에게 건넬 수 있는 코칭형 질문들이다.

 코칭형 질문들

- "당신은 어떤 목표가 있는가?"
- "이 프로젝트에서 당신에게 가장 어려운 부분은 무엇인가?"
- "동료가 당신과 같은 상황에 놓여있다면 어떤 조언을 해주겠는가?"
- "당신이 세상에서 가장 지혜로운 사람과 대화를 한다고 상상해 보자. 그는 당신에게 무엇을 말할 것 같은가?"
- "다음 목표 고객은 누구인가?"
- "당신은 이 상황에서 어떻게 행동할 것인가?"
- "그 고객의 마음을 얻는 것이 당신에게 어떤 의미를 가져다주는가?"
- "어떻게 하면 그 고객의 문제를 해결할 수 있을까?"
- "만약 당신이 그 고객이라면 어떤 행동을 하겠는가?"

위와 같이 질문을 바꾼 후 결과는 어땠을까? 실제 신입사원들이 회사에 빠르게 적응했을 뿐만 아니라 팀장과의 관계도 돈독해졌다. 특히 영업현장에서 고객과 더 쉽게 친해질 수 있었고, 매출 신장은 따라오는 결과였다고 한다.

다만, 시간을 다투는 영업현장에서 빠른 업무처리를 위해 질문이 아니라 지시해야 한다고 말하는 팀장들을 간혹 볼 수 있다. 빠른 업무처리만큼 빠른 퇴사로 이어질 것이다. 결국, 더 큰 기회 손실과 인재를 놓치게 되는 실수를 반복하게 된다.

질문 하나 바꿨을 뿐인데, 신입사원들의 관심을 받게 되고 잘 적응할 수 있는 환경을 만들어 준 것이다. 우리가 상대의 관심을 끌어당길 때 활용하는 도구의 90%는 코칭이다. 심지어 말로 지시, 강요할 때보다 질문, 경청의 코칭 언어가 더 큰 설득 요인으로 작용한다고 한다. 팀원의 마음을 사로잡는 코칭형 팀장이 되기 위해선 머리가 아닌 가슴으로 말해야 한다.

머리가 아닌 가슴으로 말하는 것은 우리가 생각하는 그 이상으로 상대방에게 정신적·육체적으로 직접적인 영향을 미친다. 특히 말을 하는 사람이 팀장이라면 파급 효과는 더욱 크다. 그래서 직장 상사인 팀장의 말이 팀원에게 정말 중요하다.

과거 내가 첫 직장에 입사하여 일을 배울 때만 하더라도 상사들의 말은 거의 부정적이었다. 하루 중 대부분의 시간을 직장에서 상사와 함께 보내는 시간이 많다 보니 서로 익숙해지면, 상사는 대개 반말을 했다. 또한, 자신의 경험이 전부이며 진실인 것처럼 지시하고 명령하고 긍정보다는 부정적인 말과 행동으로 나를 가르치려고 했다. 그들은 신입사원인 나를 도와준다고 착각하며 말하고 있지만, 그때부터 나는 속으로 묵묵히 떠날 준비를 했다.

당신은 팀원 혹은 신입사원 간 소통에 대해 이미 아는 것도 지식도 많을 것이다. "팀원들의 의견을 들어야 한다.", "세대 간 차이를 줄이기 위해 노력해야 한다.", "상대의 말을 경청해야 한다.", "좋은 질문을 많이 해야 한다." 등에 대해 인지하고 있고, 그동안 배운 방법들을 적용하기 위해 부단히 노력하고 있다고 생각한다.

그럼에도 불구하고 팀원 및 신입사원들의 솔직한 속마음을 알기가 어렵다. 참 안타까운 현실이다. 가슴이 아닌 머리로 말하기 때문이다. 팀원 및 신입사원들의 관심을 얻고 싶으면, 그들의 마음의 문을 열고 싶다면, 반드시 지켜야 할 세 가지 법칙을 기억하자.

첫째, 당신이 모든 걸 다 안다고 착각하지 말고, 모르면 모른다고 솔직하게 밝히자. 당신과 함께 일하는 팀원들은 누구보다 당신을 잘 알고 있다. 당신이 어떤 것에 강점이 있고, 어느 부분에서 약점이 있는지 말이다. 당신이 모르면서 아는 척하는 순간 당신의 신뢰도는 바닥을 칠 것이다.

둘째, 당신에 대해 당당하게 알리자. 당신의 진정성 있는 모습이 팀원들에게 전달될 때 그들은 마음의 문을 조금씩 열게 될 것이다. 친밀하게 다가가는 진정성이 매우 중요하다.

셋째, 당신의 관심이 신뢰 수준을 결정한다. 당신이 얼마나 그 직원에 대해 관심을 갖고 지속적으로 관계를 관리하느냐에 따라 신뢰 수준이 달라진다는 것을 명심해야 한다. 그리고 이 모든 신뢰의 첫 시작은 머리가 아니라 가슴에서부터 시작해야 한다는 점을 꼭 기억하자.

2

끊임없이 질문하라

Sales Coaching Skill

어느 날 제약회사에서 일하는 분께서 고객에게 제품을 설명하는 것이 어렵다며 문의를 해왔다. 효과와 안전성이 입증된 제품인데도 설명하는 데 어려움을 느껴 영업 자신감도 떨어졌다고 했다. 고객에게 도움이 되는 좋은 제품이라면 자신감 있게 권해야 한다. 우리는 좋은 정보를 제공할 뿐 선택은 고객이 하는 거다.

이때 제품에 대한 정보를 좀 더 수월하게 전달하는 방법으로 '질문'을 활용해야 한다. 오늘날 100세 시대로 가면서 사전 예방의 중요성이 강조되고 있다. 예를 들어 백신 접종의 필요성에 대해 상담한다고 가정해보자. 백신 접종을 통해 어떠한 이점을 기대할 수 있는지 그 필요성과 중요성을 강조할 때 어떻게 설명하면 좋을까?

"원장님, 백신을 맞은 지인들에게 대상포진이 와서 엄청 고생했다는 이야기를 들었어요. 포도 같은 군집이 몸에 생겨 가렵고, 옷깃만 스쳐도 바늘로 콕콕 찌르는 것처럼 아프다고 하더라고요. 그런데 또 어떤 분은 미리 예방 접종을 해서 걱정 없이 지낸다고 하더군요. 만약 환자가 원장님께 백신 접종에 대해 문의를 한다면 어떻게 하실 건가요? 접종하지 않아 질환에 걸리면 치료 비용도 만만치 않다는 이야기 들어보셨어요?"

이렇게 이야기를 나누다가 생각해볼 수 있는 질문을 던짐으로써 예방의 필요성과 중요성에 대해 고객이 스스로 인지하게 된다. 그때 이렇게 이야기하는 것이다.

"원장님, 병원 경영에도 큰 도움이 됩니다."

실제로 이 대화는 지역 내에서 백신 접종을 가장 많이 한 우수 거래처로 선정된 병원의 원장님과 나눈 내용이다. 설명이 아닌 질문을 한 결과이다. 상품 설명이 어렵다면 질문을 하며 고객의 말에 귀 기울여 경청하는 것이 좋다. 그전에 열심히 상품 설명할 때와 달리 질문을 한 이후부터 비교도 안 될 만큼 성과가 좋아졌다.

영업 고수의 질문은 고객이 드러내고 싶은 것을 분출하게 할 때 강력해진다. 질문은 고객의 생각을 현재 있는 장소에서 다른 장소로 옮기게 한다. 이 과정에서 자연적으로 일어나는 것이 관점의 전환이다. 스스로 현재 문제에 집착하고 있는 자신을 다른 차원에서 바라보게 하고, 지금까지 보지 못한 면을 보게 하며, 전체 상황을 파악하게 함으로써 효과적으로 패러다임을 전환하게 한다. 패러다임이 전환되면 고객은 문제에 대해 다른 관점을 갖게 되고 시야가 넓어져서 이전에 볼 수 없었던 새로운 가능성을 보게 된다.

또한, 고객이 잠시 멈추고 생각할 수 있도록 해주는 것이 중요하다. 박창규 마스터 코치는 코칭에서 침묵의 중요성을 강조한다. 그는 실제로 데모 코칭에서 7분이 넘게 침묵의 시간을 유지하기도 했다. 영업 고수는 고객에게 질문하고 난 이후 자연적으로 생겨나는 침묵을 두려워하지 말아야 한다. 고객이 말할 때까지 기다려야 한다. 이때 우리는 자신의 말이나 설명으로 고객의 생각을 방해하지 않아야 한다.

우리의 뇌는 좌뇌와 우뇌로 구분되어 있다. 영업을 잘하고 코칭 스킬을 업그레이드 하고 싶다면 우뇌를 자극하는 방법을 기억하자. 보통 우뇌를 자극하는 질문은 상상력과 감수성을 자극하게 된다. 예를 들면 다음과 같은 질문이다.

우뇌를 자극하는 질문

• 나의 삶을 한 문장으로 표현한다면 어떻게 할 수 있는가?

• 나를 이미지로 표현한다면, 어떤 이미지가 떠오르는가?

• 미래의 성공한 내가 지금의 나를 바라보며 뭐라고 말하는가?

• 현재 내가 진정으로 원하는 것은 무엇인가?

• 5년 후, 나는 어떤 모습으로 살고 있는가?

• 나의 위대한 강점은 무엇인가?

• 내가 무엇이든지 할 수 있는 사람이라면 지금 무엇을 하고 싶은가?

• 나의 영업을 색깔로 표현한다면?

• 10년 후, 나는 누구를 만나고 있는가?

• 나는 어떤 사람인가?

• 나에게 회사는 어떤 의미인가?

• 영업은 내 인생에서 어떤 의미인가?

팀원에게 좋은 질문을 잘하려면 연습을 해야 한다. 위와 같은 질문으로 나 자신을 먼저 돌아보는 여유가 필요하다. 모든 질문에는 답이 있다. 질문은 해답을 찾아가는 길잡이라고 할 수 있다. 질문은 고객의 생각을 이끌어낼 수 있다. 업무를 하는 데 있어서 더 나은 대안을 찾아가는 과정이다.

같은 맥락으로 팀장이 팀원과 잘 소통할 수 있는 방법은 무엇일까? 팀장의 질문을 통해서 팀원의 생각을 잘 이끌어내는 것이다. 팀장의 질문은 모르는 정보나 답을 묻는 것이 아니다. 팀원들의 생각을 끌어내며, 사고를 적극적으로 자극하는 일종의 문제 제기여야 한다. 사람들은 질문하면 답을 찾고자 하는 습성이 있다. 팀장은 정보와 답을 얻기보다 팀원의 사고를 전환하는 질문을 자주 던져야 한다.

팀원들이 평소에 생각해보지 않은, 좌뇌형 질문보다는 우뇌를 자극하는 질문의 유형을 던지는 것이다. 팀원들이 현장에서 실행에 집중하다 놓치기 쉬운, 근본을 묻는 것을 말한다. 질문은 자발적인 동기부여를 이끄는 가장 좋은 방법이다. 지시와 강요는 팀원들의 사기를 저하하고 자존감을 떨어뜨린다. 질문은 생각하고 행동하게 한다. 코칭은 말하지 않고, 질문하는 것이다. 유능한 팀장이 되고 싶으면 끊임없이 질문하라.

3

뜨겁게 대화하라

Sales Coaching Skill

질문과 경청은 본래 상호보완적인 관계이다. 사람과의 대화에서 빠질 수 없는 중요한 도구이다. 나는 이 도구를 영업현장에서 고객과 대화할 때뿐만 아니라 일상생활에서도 적극 활용한다. 목표를 달성하고자 할 때 사용한다는 의미이다.

한번은 아내 친구의 가족과 함께 캠핑을 간 적이 있다. 나와 아내 친구의 남편은 첫 만남이라 어색할 수도 있었다. 하지만 나는 이런 분위기를 즐기는 편이며 어색할 틈이 없도록 하는 나만의 방법이 있다. 그건 바로 질문하고, 경청하는 것이다. 내가 모든 걸 다 말할 수는 없다. 상대가 말할 수 있도록 질문을 하는 것은 상대를 내 편으로 만드는 가장 효과적인 방법이다.

"취미가 낚시라고 들었는데, 주로 어떤 고기를 잡으세요?"

나는 아내에게 친구 남편의 취미를 사전에 확인하고, 낚시를 즐겨 한다는 이야기를 들었다. 만나기 전 낚시에 대한 기본적인 정보 수집을 한 후에 질문할 내용을 몇 개 추렸다. 틀에 박힌 형식적인 질문이 아니라 상대가 관심 있어 하는 취미에 대해 질문하는 방법으로 상대의 마음을 열 수 있었다. 결국, 질문을 하나 던짐으로써 '나는 당신에게 관심이 있어요.', '당신의 관심 분야인 낚시에 대해 너무 궁금합니다.', '시간 많으니 천천히 들려주세요.'의 의미를 함께 전달할 수 있었다.

처음 만나는 상대의 마음을 얻고 싶은가? 사전에 상대의 관심 분야를 조사하자. 최근의 이슈는 무엇인지, 취미가 무엇인지, 어떤 일을 하는지 등에 대한 몇 가지 질문을 준비하는 거다. 지금도 정기적으로 함께 캠핑을 떠나는 서로 편안한 사이가 되었다. 무엇보다 아내와 친구가 너무 좋아하니 그걸로 대만족인 셈이다.

사람은 누구나 관심받고 싶어 한다. 그리고 말하고 싶어 한다. 그 심리를 활용하는 거다. 관심받고 싶고, 말하고 싶은 인간의 욕구 내면에는 존중의 욕구와 공감받고 싶어 하고, 인정받고 싶은 욕구가 있기 때문이다. 그래서 코칭 스킬 중 코칭을 활용한 질문, 경청, 공감, 인정, 격려, 칭찬 그리고 지지와 같은 7가지 스킬이 소통하는 데 중요한 요소가 되는 것이다.

나는 누군가를 설득하려고 할 때 항상 상대에게 충분히 생각할 시간을 준다. 침묵을 통해서 말이다. 침묵은 머리로 생각하는 과정을 의미한다. 침묵의 시간은 곧 생각의 시간이라고 말할 수 있다. 말이 많은 나지만 이 시간만큼은 내가 말을 하는 경우는 드물다. 요즘에는 강의나 컨설팅, 코칭할 때도 최대한 참여자들의 이야기를 끌어내기 위한 질문과 경청을 많이 한다.

그 이유는 내가 말을 많이 하는 것보다 그들의 이야기를 들어줄 때 그들의 강의나 코칭 만족도가 훨씬 높다는 결과를 확인했기 때문이다. 자신이 적극적으로 나서서 말하고, 생각하고, 행동함으로써 스스로 결정하고, 선택했다는 감정을 느끼게 한다. 그때 결정적인 혜택이나 한 방을 통해 도와주면 된다. 예를 들어 큰 비용 절감의 혜택은 아니더라도 상대의 기분이나 감정을 살피고, 알아주는 것만으로도 심리적 도움이 되기 때문에 큰 효과가 있다.

오래전 패밀리 레스토랑에서 아르바이트할 때 있었던 일이다. 레스토랑에 외국 손님이 오면 늘 내가 주문을 받곤 했다. 다른 아르바이트 직원들도 나를 불러 세웠다. 내가 영어를 잘해서일까?

절대 아니다. 지금도 나는 원어민 수준의 영어를 구사하지 못한다. 그런데도 늘 내가 그들을 응대했던 이유는 다른 이들보다 공감 능력이 있어서였다. 비록 언어는 잘 통하지 않지만, 최대한 그들의 입장에 서서 이해하고자 공감했다.

예를 들어 눈빛과 표정 그리고 제스처 등의 비언어적인 요소를 최대한 활용하여 외국인들의 이야기를 끝까지 경청하려고 했던 모습이 그들의 눈에는 좋게 보였을 것이다. 주머니 속에는 항상 레스토랑에서 사용할 수 있는 기본적인 영어회화 문구를 적은 노트가 있었다. 그 노트를 보고, 말하면서 주문을 받았다. 우선 손님들이 앉자마자 바로 주문을 받는 게 아니라 입가에 살짝 미소를 머금고 이렇게 말했다.

"저희 레스토랑에 방문해주셔서 진심으로 감사합니다."
"메뉴는 천천히 생각해보시고, 준비되면 말씀해주세요!"

우리 레스토랑에 방문했던 외국 손님들 무리 중 한두 사람은 꼭 한국인이었는데, 이들이 외국인에게 한국말로 전달하면서 통역을 해줬다. 이들에게 나중에 들은 거지만, 나의 배려 가득한 질문은 사소하다고 느낄 수 있지만, 전혀 사소하지 않았고 오히려 외국 손님들에게 꽤 인상적이었다는 것을 알게 되었다.

경청이란 바로 이런 것이다. 내가 영어를 못한다고 해서 주눅 들 필요가 없다. 언어가 잘 통하지 않는다면, 주머니 속에 미리 준비해둔 회화 문구를 꺼내 읽어도 좋고, 비언어적 요소인 눈빛, 표정 등을 최대한 활용해도 좋다. 단지 상대방의 이야기를 적극적으로 경청할 준비가 되어 있다는 모습을 보여주면 된다.

상대의 이야기를 잘 경청하고 있는 자신의 모습이 궁금하다면 거울 앞에 자신의 표정이나 몸짓 등을 확인해보는 것도 좋은 방법이다. 상대의 이야기를 들으면서 무표정을 하지 않았는지, 무반응 혹은 아무런 몸짓의 변화는 없는지 점검해볼 필요가 있다. 무표정을 지으면 자칫 기분 나빠 보일 수 있기 때문에 의식적으로 입가에 입꼬리를 살짝 올리는 연습을 하는 것이 좋다.

경청이 어렵다면 복사기 화법 Backtracking 을 활용해보자. 팀원의 이야기를 잘 듣고 팀원이 사용하는 핵심 단어를 그대로 복사하듯이 되묻는 것이다. 예를 들어 입사 1년 정도 된 신입사원과 팀장의 대화를 살펴보자.

 ○○ 씨, 입사 1년 차인데, 회사 생활은 어떤가요?

멘토의 도움을 받아 조금씩 적응하고 있습니다.

 멘토의 도움을 받아 적응하고 있다니 너무 좋은데요?

이처럼 복사기 화법이란 팀원의 핵심 단어를 잘 듣고, 그대로 복사하듯이 되묻는 방법이다. 일단 잘 듣고, 되묻는 것만으로도 팀원에게 감동을 선사할 수 있다. 들어준다는 것은 또한 질문을 만들어내는 소스가 된다. 이 외에도 "멘토의 어떤 부분이 ○○ 씨에게 도움이 되었는지 궁금하네요?" 등의 질문을 덧붙이는 등으로 팀원과 소통하는 것이다. 질문과 경청은 상호보완적인 관계라는 점을 다시 한번 강조하며, 이러한 화법을 팀원에게 꼭 활용해보길 바란다.

4

감추지 말고 솔직하게 대면하라

Sales Core Issue Skill

'고객 니즈 파악'이라는 말이 있다. 영업현장에서 사용하는 말로 고객이 진정으로 원하는 것을 파악하여 고객이 목적한 바를 이루는데 결정적인 역할을 하라는 의미이다. 비슷한 맥락으로 우리 팀장들은 팀을 원활하게 꾸려가기 위해 열심히 팀원들의 이야기를 듣는다. 그런데 들으면 들을수록 속이 타들어 가고, 답답함을 느낄 때가 있다. 듣는 척을 하기 때문이다.

대부분의 사람들은 듣기보다는 자신의 이야기를 하고 싶어 한다. 누군가 내 이야기를 잘 들어주면 나도 모르는 사이에 내 이야기를 술술 풀어내게 된다. 또 말하면서 정리도 된다. 상황 판단 및 분석이 더 객관적으로 인식되기도 한다. 그러나 말할 기회가 없으면 답답한 마음이 올라와 온전히 상대의 말에 집중할 수 없는 것이 보통 사람들의 특징이다.

함께 일하는 팀원들의 마음을 움직이고 싶은가? 현장에서 고객의 마음을 사로잡고 싶은가? 영업을 잘하고 싶은가? 상대를 내 편으로 만들고 싶은가? 그렇다면 자신의 과거 경험담을 늘어놓으려는 마음부터 접자. 팀원들의 마음을 움직이고 싶다면 그들이 말을 하고 싶을 만한 소재를 찾아보자. 그 소재를 찾기 위해 아주 사소한 것이라도 팀원들의 말과 행동 등을 잘 관찰하며 관심을 보여주어야 한다.

A 팀장은 화장품 업계에서 제품력, 인지도 등 모든 면에서 브랜드 가치가 높은 대기업의 팀장이다. 제품도 좋고, 인지도가 높다 보니 고객들이 알아서 구매하고, 찾는 경우가 많다. 인지도가 낮은 기업 대비 좀 더 수월하게 비즈니스를 할 수 있기 때문에 회사 구성원들의 만족도가 상대적으로 높은 편이다. 더욱이 A 팀장은 팀원들과 정기적인 일대일 면담을 하고 있어 그들이 원하는 것을 다 알고 있다고 생각한다. 제품도 좋고, 인지도 높은 회사에서 일하는 것 자체로 팀원들도 모두 만족할 거라고 자부하고 있었다.

그의 자부심은 비즈니스 코칭을 해주는 자리에서도 드러났다. "그래도 가끔은 팀원들이 진짜로 원하는 것은 무엇인지 관심을 갖고 물어봐야 하지 않을까요?"라는 코치의 질문에 그는 이렇게 말했다.

"이렇게 좋은 회사에 다니는 것 자체로 팀원들은 다 만족합니다. 그건 누구보다 제가 잘 알고 있어요. 코치님이 몰라서 그런 겁니다."

과연 어떤 것이 정답일까? 상황에 따라 다를 수는 있지만, 코치는 A 팀장에게 "팀원들의 입을 열어 그들이 진짜로 원하는 것이 무엇인지 마음속 이야기를 들어본다면 각 개개인의 상황에 맞게 더 효과적인 일대일 면담을 할 수 있지 않을까요?"라고 조심스럽게 의견을 제시했다.

그리고 얼마 뒤 A 팀장은 코치에게 연락을 해왔다. 찰떡같이 믿었던 팀원 1명이 사표를 냈다고 했다. 그리고 생각지도 못한 충격적인 이야기를 들었다고도 했다. 그 직원은 업무가 자신에게 맞지 않다고 생각해 오래전부터 퇴사 준비를 해왔다고 한다. 결국, 자신의 꿈을 찾아 떠나간 것이다.

"회사가 좋은 건 알겠어요. 연봉도 적지 않고, 복지도 좋습니다. 하지만 팀장님은 면담할 때 항상 자신의 이야기만 말합니다. 회사의 좋은 점만 부각하고, 평생 함께하자고만 말합니다. 그러면서 진짜 내가 원하는 게 무엇인지는 물어보지도 않아요. 똑같은 일상이 반복되면서 성장하고, 발전한다는 느낌은 전혀 없었습니다. 한 번도 팀장과 마음을 터놓고 대화를 나눠본 적이 없었던 것 같아요. 그래서 오래전부터 떠날 준비를 했습니다."

충격적이었다. 팀장은 누구보다 팀원들의 마음을 잘 알고 있다고 생각했는데, 섭섭하기도 하고 한마디 상의 없이 떠난다는 팀원이 야속하기까지 하다. 하지만 냉정하게 말해 이 모든 것은 팀장의 몫이다. 회사에서 팀장을 리더로 세우는 이유가 다 있다. 팀원들이 진정으로 원하는 게 무엇인지 조금만 관심을 기울였더라면 어땠을까? 지금까지 자신의 이야기만 하느라 급급하지는 않았는가? 가끔 우리는 착각 속에서 살고 있진 아닌지 점검해볼 필요가 있다. 뒤늦은 후회이지만 팀원들에게 관심을 갖고 그들의 이야기를 끌어내는 것 또한 매우 중요하다는 걸 알게 된 계기이다.

팀원이 말을 많이 할 수 있도록 환경을 조성하는 것이 무엇보다 중요하다. '잘 들어주기'로써 말이다. 잘 들어준다는 말이 쉬운 것 같이 보이지만 정말 어려운 일이다. 예를 들어 팀원이 상황에 대한 설명과 고객에 대한 성향 등 이슈에 대해 보고하는 자리에서 팀장은 바쁘고, 시간이 없다는 이유로 "됐고! 핵심이 뭔데?"라고 말하는 순간, 팀원의 마음은 굳게 닫혀 버리고 만다.

예전에는 그런 방식이 통했는지도 모른다. 빠르게 변화하는 시장 상황 속에서 구구절절 늘어놓는 변명이나 핑계로밖에 들리지 않는 시시콜콜한 이야기를 들어줄 시간이 없기 때문에 중간에 끊어버리는 것이다. 그 순간, 당신과 팀원의 관계는 끊어진다는 것을 명심해야 할 것이다. 이러한 상황을 초래하지 않기 위해선 팀원과 대화를 할 때, 잘 듣고 핵심 단어를 활용하여 되물어주는 것이 매우 중요하다. 다음과 같이 말이다.

> 팀장님, 분기 목표 달성에 성공했습니다. 현재 너무 만족스럽습니다. 행복한 마음입니다.
>
> 분기 목표 달성에 성공했군요. 현재 만족스러움과 행복한 마음이고요. 그런데 목소리와 표정은 그렇게 행복해 보이지 않는데요. ㅇㅇ 씨의 솔직한 마음을 알려주시겠어요?
>
> (침묵). 팀장님, 사실은요….

이처럼 팀원이 하는 말과 목소리 톤, 몸짓 언어 등 팀장이 전체적으로 듣고, 보고, 느낀 것에 대해 팀원에게 솔직하게 공유해 줌으로써 팀원이 말하지 않았던 진실, 표현하지 못했던 감정이나 느낌을 진술하게 말하는 계기가 된다.

Kimsey-House 등 2016은 코치가 지녀야 할 경청의 3단계 수준을 이렇게 정의했다. 1단계 수준은 상대방과 대화하면서 상대방의 이야기에 귀 기울이기보다 자신이라면 어떻게 했을까 생각하며 떠오른 자신의 이야기들을 참고하면서 듣는 것이다.

2단계 수준은 코치가 고객에게 강한 집중을 하며 모든 관심을 기울여 듣는 것이다. 마치 사랑하는 연인들이 상대에게 온전히 집중하여 듣는 것처럼 팀장도 팀원에게 온전히 몰입하면서 말이다.

3단계 수준은 상대방과의 사이에 있는 에너지의 흐름은 물론 에너지의 변화까지 깨달으면서 듣는 것이다. 기쁨, 슬픔, 감정, 태도의 변화를 알아차리며, 그 환경 속에서 어떤 일이 일어나고 있는지 내면의 욕구, 기분, 말투의 효과를 인식한다.

잘나가는 팀장들은 2~3단계 수준에서 주로 경청하며 이러한 경청을 할 때 효과적인 소통을 할 수 있다. 팀원의 마음을 이해하고 거기서 우러난 진심을 전달해야 팀원의 진짜 속마음을 발견하게 된다. 그 순간만이라도 팀원의 입장에 서서 그의 니즈를 읽어야 팀원의 마음을 얻을 수 있다. 팀원의 니즈를 읽고 싶다면 감추지 말고 솔직하게 대면하라.

5

팀원의 니즈를 파악하라

Sales Coaching Skill

코칭은 비즈니스의 성과를 높여주는 훌륭한 방법이다. 이 책을 읽고 있는 당신이 정말 코칭을 잘하고 싶다면 'Egoless'를 갖추기를 바란다.

Egoless란 자신의 판단을 내려놓는 것을 의미한다. 나 중심의 패러다임에서 상대방 중심의 패러다임으로 바뀌어야 한다. 나 중심의 패러다임은 자기중심적, 즉 팀장 중심적 생각을 하는 것은 팀원과 끊어져 있는 상태이다. 이 상태에서 팀장 중심으로 어떤 말을 하더라도 말에 힘이 없다. 팀원은 자기표현을 통해 자신의 세계를 표현하는데 팀장 중심적 생각은 팀원을 온전히 읽어낼 수가 없기 때문이다.

조직 팀장 중에 특별한 일을 하지 않았는데도 팀원들이 잘 따르는 사람들이 있다. 누구나 팀원들에게 더욱 매력 있고, 멋진 사람으로 보이고 싶어 한다. 이는 꼭 타고나야만 하는 걸까? 팀과 부서를 성공적으로 이끄는 영업부 팀장들과 임원들을 만나며 느낀 점이 한 가지 있다. 여유로운 미소 속에서 자신보다는 항상 상대를 먼저 생각하고, 배려해주는 특별한 센스가 있었다. 지위가 높다고 함부로 반말하거나, 상대를 얕보지 않았다. 인간적 매력과 겸손함을 바탕으로 그의 말과 행동을 통하여 스스로 내면의 세계를 들여다보게 한다.

의사를 대상으로 보험 상품을 판매하는 분이 있었다. 고소득 전문직인 의사를 상대하는 것도, 보험 상품을 판매하는 것도 쉽지 않아 힘들어하던 그가 어느 날 나를 찾아왔다. 고민을 모두 듣고 나는 이런 질문을 던졌다.

 지금 판매하고 있는 상품에 정말 자신 있으세요?

네! 그럼요. 자신 있습니다.

 네 좋습니다. 그럼 더 자신감 있는 모습으로 당당함과 겸손함을 가지고 한 번 해보세요!

보통 영업 실적이 저조한 영업사원들의 특징이 있다. 딱 보면 "아~ 저 사람 영업사원이구나!"라는 느낌이 드는 저자세와 꾸깃꾸깃한 정장을 입고 허름한 가방을 든, 무엇보다 표정이 어두운 사람이다. 만약 이 경우 비즈니스가 잘 될까? 지금도 병원에서 만나는 영업사원들의 겉모습만 보고도 알 수 있다. 저 영업사원의 자존감 혹은 자신감의 척도를 말이다.

"우리의 제품을 살 고객은 생각보다 많은 곳에 있습니다. '여유 있는 모습'으로 더 당당하게 비즈니스 하셔야 합니다."

그 후 그는 완전히 다른 사람이 되어 나타났다. 원하던 고객을 만나 당당히 계약에 성공했다는 기쁜 소식을 전해주었다. 나의 판단을 내려놓으라는 의미는 자세를 낮추고, 굽실거리며 영업하라는 말이 절대 아니다. 내가 영업에 대해 강의할 때 항상 강조하는 말이 있다. 바로 자존감을 높이는 자신만의 방법을 찾으라는 것이다. 고객의 기분을 살피며 최대한 상대를 존중하는 마음을 갖는 게 중요하지만, 그게 비굴하게 굽실거리는 의미는 아니다. 고객은 당당하고 자신감 있어 보이는 스마트한 영업사원과 비즈니스 관계를 맺고 싶어 한다.

영업뿐 아니라 원하는 인생을 살고 싶으면 무엇보다 중요한 점은 자존감을 챙기는 것이다. 자존감은 스스로 가치 있게 여기는 마음이다. 자신 내부의 성숙한 사고와 가치에 의해 얻어지는 개인의 의식을 말한다. 내가 나를 사랑하지 않으면 그 누가 나를 사랑하겠는가? 모든 비즈니스의 시작은 바로 내가 나를 바르게 갖추는 것부터다.

현장에서 영업부 팀장들이 코칭에 대해 흔히 착각하는 것이 있다. 멘토링과 혼합해서 사용하는 경우가 대부분이다. 코칭을 바르게 알지 못하는 경우를 많이 목격했다. 사실 코칭은 멘토링, 컨설팅, 티칭과 구별되어야 한다.

멘토는 전문가로서 자신의 전문적 경험을 바탕으로 지혜와 지식을 멘티에게 지도하거나 제공하는 것이다. 이 과정에서 대화는 한 방향이며 멘티는 멘토에 대해 의존적인 태도를 보인다. 코칭은 팀장과 팀원이 상하관계가 아닌 수평적 관계로, 팀원이 정한 목표 달성이나 목적에 부합하는 목표를 개발하여 원하는 결과를 얻을 수 있도록 파트너로서 함께한다.

멘토링 접근 예시

팀장님, 제가 1분기 목표를 달성하고 싶은데요, 어떻게 하면 될까요?

 일단, 선배들한테 물어 가면서 해보자. 지난번에 OO 선배가 했던 그 방법 너무 좋았거든. 그걸 적용해서 시작하자.

멘토링은 자신 또는 함께 근무하는 선배의 경험을 바탕으로 적절한 방법들을 제시하고 있다. 특별히 팀원의 강점이나 성향, 특성에 대해 탐구하거나 팀원이 새롭게 해보는 방법에 대해 탐색하지 않고 있다. 그럼 코칭은 어떻게 하는 것일까?

팀장은 자신의 경험이나 조언을 먼저 제공하지 않는다. 팀원이 생각하는 목표 달성 방법에 대해 충분히 말하도록 하고 이해한 후, 팀원이 스스로 관점과 방식을 명확하게 알 수 있게 한다. 이를 통해 다른 사람의 방식이나 조언에 따라 행동하기보다 팀원 자신의 방식으로 할 수 있다. 목적은 팀원이 실천 가능한 대안을 다양한 관점에서 발견할 수 있도록 파트너로서 함께하는 것이다.

요약하면, 멘토링은 경험이 많은 선배가 그의 경험과 지식을 배우고자 하는 팀원에게 자신의 경험과 지식을 전달한다. 코칭은 수평적 파트너로서 팀원의 관점과 방식으로 방법을 찾도록 하며, 팀장은 팀원이 다양하고 새로운 방법을 발견하도록 함께한다. 팀장으로서 팀원들에게 영향을 주고 싶으면, 나보다는 상대방의 말에 귀를 기울여라. 쉽게 말해 상대를 존중하고, 배려하는 특별한 센스가 돋보이는 여유로운 모습을 보여주라는 말이다.

사람은 누구나 자신에게 관심을 보이는 사람을 좋아한다. 진심으로 팀원을 존중하면 팀원 역시 팀장을 좋아하게 된다. 팀장이라고 더 높은 위치에 있다고 말을 많이 하기보다는 팀원을 향한 관심과 존중하는 마음부터 갖도록 하자. 그러한 진심은 전달되고, 팀원이 존중받는 느낌을 받으면 비즈니스 준비는 끝났다. 이제부터 팀장인 당신이 어떤 말을 꺼내더라도 팀원은 당신에게 더욱 집중할 것이다.

공격보단 공감하라

대학 때 나의 세부 전공은 인력 경영학이다. 그래서 대학 동기 대부분이 기업 교육부서에서 사람들을 가르치는 교육담당자로서 일하고 있다. 대학 동창 모임에서 대기업 교육팀에 있는 친구가 재미있는 이야기를 해주었다. 회사에서 전통적인 직급 체계 자체가 수직적인 관계를 형성한다는 것이다. 그러니 윗사람이 아랫사람에게 공격하려고 하고, 자기가 모든 것을 다 알고 있다는 착각으로 가르치려 든다는 것이었다.

아랫사람을 괴롭히기 위해 승진하려고 한다는 웃긴 소리를 하는 사람들도 있었다. 사람은 누구나 자신에게 공감해주고, 이해해주는 사람을 좋아한다. 사람이 상대에게 관심을 가지는 이유도 결국은 자신을 알아 봐주길 바라는 마음 때문이라는 말이 있지 않은가? 어느 누군가가 지속적으로 관심을 표현하면 나도 모르게 마음이 열리는 것이다. 결국은 자신의 가치를 인정해주는 상대방을 가까이 두고 싶어 하는 심리일 것이다.

나는 지인들에게 종종 이런 말을 듣는다. "함께 있으면 에너지가 올라가고, 기분이 좋아지는 것 같아요." 단지 그들의 이야기에 공감해주려고 노력했을 뿐인데 상대는 좋아한다. 어떻게 하면 팀원들이 나와 함께 일하고 싶어 하고, 그들이 스스로 일을 할까? 시키지 않아도 알아서 척척 일하는 팀원들은 참 예뻐 보이기 마련이다. 내 옆에 팀원들이 스스로 일하기를 원한다면 일단 한 가지만 기억하자. 팀원들은 공감받고 싶어 한다는 것을 말이다.

누군가에게 공감하는 것도 노력이고, 습관이다. 나는 상대방의 이야기를 들을 때면 이야기 속에서 말하고자 하는 본질적인 의미가 무엇일까에 대해 늘 생각한다. 그러다 보니 그의 감정과 느낌에 무의식적으로 공감하기 위해 노력하는 습관이 생겼다. 또 내가 상대방에게 느낀 감정에 대한 공감을 적극 표현하는 편이다.

"아~ 그러세요. 정말 좋으셨겠네요!"
"우와~ 진짜 축하드립니다. 얼마나 기분 좋으실지 부럽습니다."
"진짜 힘드셨겠네요. 그래도 좋은 결과가 있어 다행입니다."

"진짜 좋았겠다! 그동안 얼마나 고생 많았니? 정말 축하해!"

"너무 잘 됐다! 앞으로 더 잘될 거라 믿어. 앞으로도 파이팅!"

위와 같이 말하면서 나도 상대의 감정에 빠져드니 이야기에 집중과 몰입이 더 잘 되는 것을 느낄 수 있다. 덤으로 상대방도 신이 나서 이야기를 하니 서로 얼마나 좋은 일인가.

얼마 전, SK이노베이션이 전통적인 직급 체계를 단일화된 하나의 직급으로 통일하는 인사 제도 혁신을 단행했다는 기사를 접했다. 이번 단일 직급 제도는 대외 호칭만 하나로 통일하는 것이 아니라 내부 관리 목적으로 나누는 단계도 없앤다는 점에서 많은 이들에게 주목을 받고 있다.

새로운 호칭은 사원, 대리, 과장, 부장을 대체하고, 단일 직급화 도입으로 승진이라는 개념이 사라진다. SK이노베이션에서 올해 1월 1일부터 적용한 통합된 새 호칭은 피엠 PM · Professional Manager 으로 지난해 11월부터 구성원들의 공모와 투표를 통해 선정됐다. 심사 기준은 수평적 조직문화 정착에 기여, 업무 전문성을 지향, SK이노베이션 계열만의 개성 반영 등으로 크게 세 가지였다고 한다.

'PM'은 프로페셔널 Professional 하게 스스로 업무를 완결적으로 관리 Management 하는 구성원이 되자는 의미를 담고 있다. 최근 많은 기업들이 호칭 통일을 하고 있지만, 관리 목적으로 직급 체계를 유지하고 있는 경우가 대부분이다. 하지만 SK이노베이션은 이와 같은 직급 체계를 과감하게 없애며 진정한 의미에서의 '직급 파괴'를 이뤘다. 자유로운 사고의 발상이 가능한 환경을 조성해 구성원의 더 큰 성장을 만들고자 추진한 것으로, 평가·이동·육성 등 인재관리 제도 역시 '성장'에 초점을 두었다.

지승영 SK이노베이션 HR 전략실장은 "제도 본연의 기능이 제대로 구현되려면 '회사의 관점'이 아닌 '구성원 경험 Employee Experience 관점'에서 접근해야 진정성이 전달될 수 있다."라고 말했다. 아랫사람을 괴롭히기 위해 승진하려 한다는 우습지도 않은 소리는 적어도 이 회사에서는 사라질 것이다. 구성원 경험이라고 하는 것이 바로 구성원들의 공감을 이뤄내기 위한 과정일 것이다.

우리가 영화나 드라마를 보면서 나도 모르게 웃고, 울고, 짜증을 내는 것은 '너무 힘들겠다.' 혹은 '정말 속상하겠다.', '너무 슬프겠다.'와 같이 주인공에 공감하는 마음이 들기 때문이다. 이러한 공감 능력은 상대방에게 '나는 당신의 상황을 알고, 충분히 이해한다.'라는 의미를 전달할 수 있으며, 이를 통해 상대의 상황이나 기분, 감정을 함께 느낄 수 있게 한다. 그렇다면 우리는 과연 언제부터,

그리고 어떻게 상대의 마음에 공감하고 이해하기 시작한 것일까?

Repacholi와 Gopnik 1997 등은 아직 말도 제대로 하지 못하는 18개월 아이들조차 다른 사람의 입장에서 서서 생각하고 공감할 수 있다고 했다. 이들의 실험에서 실험자는 아이들이 싫어하는 브로콜리와 아이들이 좋아하는 크래커를 아이들 앞에 두고서 크래커를 먹을 때는 "으읙!" 소리를 내며 메스꺼운 표정을 보였고, 브로콜리를 먹으면서는 "으음~" 하며 맛있다는 표정을 지어 보였다. 이후 실험자가 아이에게 먹을 것을 달라고 손을 내밀었을 때, 연구에 참여한 18개월 된 아이들은 70%는 자신이 맛있다고 여기는 크래커가 아닌, 연구자가 맛있다고 표현한 브로콜리를 손에 올려주었다. 이와 같은 실험은 두 살도 안 된 아기들도 상대의 반응을 살피고, 그에 따라 행동할 수 있다는 것을 보여준다.

공감의 사전적 정의는 '대상을 알고 이해하거나, 대상이 느끼는 상황 또는 기분을 비슷하게 경험하는 심적 현상'을 말한다. 여기서 대상은 상대방을 의미한다. 사람은 누구나 인정받고, 이해받고, 공감을 얻고 싶다. 상대방의 이야기에 귀를 기울이며 공감을 해줄지, 그냥 듣기만 할지는 결국 우리의 선택이다. 그러나 이 둘의 차이는 노력에 달렸기 때문에 스스로 의식해서 듣지 않으면 그냥 들을 수밖에 없다. 상대의 이야기에 더 집중하고 몰입할 수 있도록 공감해주는 노력을 시도해보자.

상대방의 이야기 속에서 기분이나 감정, 어떤 느낌을 받았다면
그 즉시 공감하라. 돈 들이지 않고 상대의 마음을 활짝 열 수 있는
최고의 방법 중 최고다. 이제 상대를 공감해주는 능력을 더했다면,
바로 적용하자.

7

절대 가르치지 마라

Sales Coaching Skill

"모르는데 가르치지 말라고요?"

이제 영업교육은 지식을 전달하는 티칭이 아니라 배우는 한 사람 한 사람의 특성을 살펴봐 주는 코칭으로 바뀌어야 한다. 수동적 팀원으로 만드는 티칭을 강요하지 말고, 팀원을 코칭해보는 건 어떨까? 팀원들이 마음껏 질문하고 탐색할 수 있도록 환경을 조성해 줘야 한다. 질문을 통해서 말이다.

구글에서는 직원 모두가 질문을 마음대로 할 수 있는 '도리Dory'라는 시스템을 사용한다. 도리란 직원들이 마음껏 질문하고, 직원 투표로 상위에 올라오는 질문에 대해서는 CEO 등 최고 책임자들이 직접 공개적으로 답변하는 시스템이다. 그러다 보니 문제점뿐만 아니라 새로운 아이디어들이 빨리 공유되고, 충분히 논의되며, 책임자는 자세하게 답변할 수 있다고 한다.

이처럼 질문을 마음대로 하고, 그것을 자신 있게 공유할 수 있는 기업문화를 마련해 주어야 한다. 그게 바로 팀장의 역할이라고 생각한다. 왜냐하면, 아직 한국에선 문제에 대한 질문을 수렴하고, 정리할 수 있는 위치에 있는 사람이 팀장이기 때문이다. 그런데 문제는 팀장이나 임원, 기업 모두가 그런 문화를 배운 적이 없다.

기업 임원들과 리더들에게 주어지는 교육은 외부에서 진행하는 코칭 및 강의가 전부일 만큼 제한적이다. 그러니 이런 딱딱한 문화의 문제는 따지고 보면 리더십 부재의 상태를 의미하기도 한다. 수동적이고 질문하지 않는 문화에서 수동적인 팀원으로 살다가 수동적인 팀장으로 일하고 수동적인 임원, 리더가 된다.

결과적으로 우물 안의 기업이 되는 것이다. 그래서 기업 차원에서 전 직원들 대상으로 질문할 수 있는 문화를 도입하는 것이 무엇보다 중요한 과제다. 구성원 누구나 문제를 제기할 수 있고, 의견을 제시할 수 있어야 다양한 의견들이 공존할 수 있다. 팀장 입장에서는 열려 있을수록 더 다양한 아이디어가 떠오르고, 다양한 질문들이 제시되는 기업일수록 장기적인 관점에서 볼 때 성공할 수 있다.

질문하는 문화를 만들기 위해 가장 중요한 첫 단계는 팀장이 위치가 높다고 무조건 신입사원들에게 무언가를 가르치려고 하지 말아야 한다는 것이다. 가치관 형성에서 집단의 가치 지각이 이미 형성되면 변화시킨다는 것이 어렵다는 것은 우리는 경험상 잘 알고 있다. 신입사원 때부터 질문의 습관을 들이고, 그런 기업문화에 익숙하게 하는 것이 중요하다. 그래서 영업교육은 처음에 어떻게 시작하느냐가 정말 중요하다.

팀장들과 이야기를 나누다 보면 꽤 많은 팀장들이 무언가를 가르치려 한다는 점을 발견하게 된다. 정작 자신은 윗사람들에게 잔소리를 듣고, 뭔가를 받으려고 하는 것을 싫어하면서 말이다. 그런데 그것을 그대로 팀원들에게 되돌려 주려고 하지 않는 팀장은 많지 않다. 쉽게 말해 당한 만큼 그대로 혹은 그 이상으로 갚으려 한다. 악순환의 반복이다. 그래서 좋은 말을 해도 팀원은 한 귀로 듣고 한 귀로 흘려버리고 만다. 그렇다면 어떻게 표현할 때 팀원의 가슴에 딱 꽂힐 수 있을까?

사람은 누구나 자신의 이야기를 하고 싶다. 그 표현하고 싶어 하는 사람들의 욕구를 만족하게 하는 나만의 노하우가 있다. 첫째,

"왜?"라고 질문하는 것이다. 예를 들어, 마케팅 프로그램을 몇 군데에만 적용할 수 있다고 가정해보자. 단순히 "그래, 그곳에 적용해."라고 말하는 팀장들은 많다. 그보다는 "왜 그렇게 생각해?", "왜 이곳에 이번 마케팅 프로그램을 적용하면 좋을까?"라고 질문하는 것이 더 효과적이다.

왜냐하면, 팀원이 원하는 목표를 세웠다고 했을 때 "왜?"라고 되묻는 질문은 다양한 상상을 가능하게 하고, 실행력을 키워준다. 무엇보다 "왜 그 목표가 중요해?", "왜 그것을 해야 하니?" 등의 질문은 문제의 본질을 파악하게 한다. 이를 통해 질문을 받은 팀원이 스스로 생각해서 주도적으로 행동할 가능성이 상당히 높다.

둘째, 팀원의 말에 귀 기울여 공감하며 반응하는 것이다. 내가 팀장과 이야기할 때 기분 좋았던 기억 중에 대부분은 팀장이 내 이야기에 공감해주며 잘 들어줄 때였다. 예를 들어 "잘했다!", "최고다!", "지금 너무 잘하고 있어!", "내년에도 지금처럼만 하자!"라는 인정의 말과 공감의 표정과 표현으로 나를 응원해줄 때 마치 세상을 다 가진 것처럼 행복하고, 충만한 느낌이었다. 그러나 다수의 팀장들은 인정과 공감보다는 계속해서 뭔가를 주려고 하는 가르치려고 하는 언어를 사용한다. 팀원들은 이 언어를 들을 때면 진짜 부담스럽다.

감정은 물론 표현하지 않은 감정까지 공감하며 듣는 공감적 경청 empathic listening 의 언어를 사용하는 팀장과 함께 일한다면 당신은 큰 축복을 받은 사람일 것이다. 공감적 경청은 상대가 무엇을 말하고 있는지에 온전히 초점을 맞추고, 상대가 말한 것의 의미를 상대의 관점에서 이해하는 것이다. 또 상대의 자기표현을 지지하며, 격려, 공감하면서 듣는 것이다. 그래서 상대의 말이나 눈빛, 제스처, 표정, 몸짓, 언어로써 적극적으로 반응하게 된다.

이 모든 듣기의 핵심은 상대가 전달하고자 하는 메시지의 내용과 감정, 마음을 이해하고 상대의 내면 깊은 곳에서 원하는 것을 가장 적절한 언어로 표현할 수 있도록 듣는 것이다. 사람과의 관계에서 어떤 말보다 상대에게 귀를 기울이는 '듣기'는 사람 간의 심리적인 거리를 좁히고, 신뢰를 쌓는 비결이 된다.

셋째, 사람들은 모두 공통점이 있다는 원칙을 잊지 말아야 한다. 사람들은 누구나 사랑받고 이해받고, 존중받고, 신뢰받고 싶어 하며 위로받고, 축하받고, 격려받고 싶어 한다는 것이다. 이러한 공통점을 이해한다면 팀원을 평가나 판단 또는 가르치려 하기보다는 공감하고 이해하고 존중하는 마음이 우러나오게 된다. 더 나아가 나의 팀원이 누구인지를 더 집중적으로 이해하기 위해 '팀원 한 사람'을 이해하는 노력이 필요하다. 팀장은 팀원이 어떤 사람인지, 팀원이 무엇을 하는지, 장차 어떻게 성장하기를 원하는지에 대해 이해함으로써 팀원의 마음을 열 수 있다.

정리하자면, 팀원들이 마음껏 질문하고 탐색할 수 있도록 환경을 조성해주는 질문은 적극적으로 경청한 결과를 반영하고, 고객 관점의 이해와 공감을 통해서 가능한 일이다. 경청하는 것과 질문하는 것은 상호보완적인 관계이다. 질문, 즉 상대에게 온전히 집중하여 들을 때 상대의 마음을 여는 질문을 하게 된다. 그렇기에 절대로 가르치려 들지 말자. 공감하고 인정하는 질문을 통해서 우리의 고객이, 우리의 팀원이 스스로 답을 발견할 수 있도록 돕자. 이제부터 우리의 목표는 하나다. 절대 가르치지 말자. 그 목표를 반드시 기억하길 바란다.

8

공감하고 지지하라

Sales Coaching Skill

"공감은 힘이 세다. 강한 위력을 지녔다. 쓰러진 소도 일으켜 세운다는 낙지 같은 힘을 가졌다. 공감은 돌처럼 꿈쩍 않던 사람의 마음을 움직인다. 경각에 달린 목숨을 살리는 결정적인 힘도 가졌다. 치유의 알파와 오메가가 공감이라고 나는 믿는다. 삶의 생생한 저자거리에서 상처받은 사람들과 마음을 섞고 감정을 공유한 끝에 얻은 깨달음이다."

30여 년간 정신과 의사로 활동하며 1만 2천여 명의 속마음을 듣고 그 이야기를 펴낸 정혜신 작가의 책 『당신이 옳다』의 한 구절이다. 이처럼 사람의 마음을 움직이는 힘, 팀원의 잠재 능력을 끌어올리는 힘 중 가장 강력하고 실용적인 힘이 바로 공감이다. 팀원의 상황을, 주변 환경을, 그 사람을 더 자세히 알면 알수록 상대를 더 이해하게 되고 더 많이 이해할수록 공감은 깊어진다는 말이다. 그래서 공감은 타고나는 게 아니라 후천적인 노력으로 얼마든지 극복할 수 있다.

나는 종종 영업 스킬과 노하우를 전달하기 위해 어떻게 교육해야 할까 고민하곤 한다. 영업의 범위가 상당히 넓어 어디에 초점을 맞추느냐에 따라 교육의 방향과 질이 달라지기도 하기 때문이다. 그 중 코칭은 영업을 하든, 인생이든 모든 일과 비즈니스의 시작이다. 14년 이상 영업현장에서 발로 뛰고 영업을 하면서 정리하고, 깨닫게 된 영업 코칭 스킬을 많은 이들과 공유하고 싶다.

강력한 효과를 지닌 3가지 코칭 스킬 도구는 무엇일까? 첫 번째는 지금까지 계속 강조했던 '공감하기'이다. 공감하기는 팀원의 존재 및 팀원의 삶에 관하여 관심을 가지고 궁금히 여겨 깊은 호기심으로 다가가는 것을 말한다. 특히 팀장이 팀원 중심의 관계를 만들어 가기 위해서는 신뢰와 공감이 바탕을 이루어야 한다. 신뢰란, 팀원과의 관계에서 솔직하고 정직하면서 서로 연결되어 있다는 것을 의미한다.

두 번째는 '지지하기'이다. 팀장은 팀원 자신이 문제를 해결할 가능성과 잠재력을 지닌 존재로서 바라보고, 어떤 상황에서든 팀원을 긍정적으로 대해야 한다. 인본주의 심리학자 칼 로저스1957는 '무조건적 긍정적인 시각으로 바라보라'고 했다. 여기서 무조건적이란 조건 없이 수용한다는 뜻으로 팀원을 평가하거나 배제하지 않는다는 것이다.

팀장이 팀원을 문제를 가진 대상으로 보는 것이 아니라, 팀원이 문제의 발견과 해결 주체로 보는 만큼 긍정적 시각으로 팀원을 바라보고 그의 능력을 믿는 것은 대단히 중요하다. 그것을 무조건적이고 수용적인 태도로 대할 때 팀원의 변화와 성장 가능성은 더욱 커진다.

세 번째는 '팀원이 옳다고 생각하기'이다. 여기서 핵심은 사람 패러다임이다. 패러다임 Paradigm 의 사전적 의미는 '사람들의 견해나 사고를 지배하고 있는 이론적 틀이나 개념의 집합체'를 말한다. 패러다임을 '나 중심 Me-Centered '에서 '상대방 중심 You-Centered '으로 바꿔야 한다.

패러다임이 '나 중심'으로 흐르게 되면 팀장이 주인이 된다. 모든 것을 자기 위주로 생각하고 판단하게 된다. 시각이 '상대방 중심' 혹은 '팀원 중심'으로 바뀌게 되면 상대를 제대로 볼 수 있게 된다. 팀원 스스로 주제를 제기하고, 생각하고, 선택 및 행동하도록 도와줄 수 있다.

공감하기, 지지하기, 팀원이 옳다고 생각하기. 이 3가지의 핵심은 내가 주인이 아닌 상대를 주인으로 만들 수 있는 강력한 도구라는 것이다. 중요한 것은 실행이다. 아는 것을 실행하는 것이 힘이다. 끊임없이 공감하고 지지해야 한다.

사람	1. 공감하기 1) 관심 2) 호기심 3) 신뢰
마음	2. 지지하기 1) 가능성과 잠재력을 지닌 존재 2) 무조건적 긍정적인 시각 3) 수용하기
공감	3. 팀원이 옳다고 생각하기 1) 사람 패러다임 2) 상대방 중심 3) 팀원 중심

한편, 위 표처럼 영업 코칭의 기본 뼈대를 잘 세운다면 효과적인 커뮤니케이션을 할 수 있다. 공감과 지지는 코칭의 뼈대다. 당신의 코칭이 팀원의 마음을 열어, 공감을 얻으려면 끊임없이 공감하고

지지해야 한다.

　당신의 공감과 지지는 누군가를 설득할 수 있으며, 누군가에게는 희망이 될 수 있고 한 사람의 인생을 바꿀 수도 있다. 공감과 지지는 바로 진심이기 때문이다. 우리가 영업 코칭 및 비즈니스를 하는 이유도 바로 진심을 전하기 위해서다. 이번 기회에 당신만의 탁월한 팀을 만들어 보기를 바란다. 지금 당장 당신의 팀원뿐만 아니라 당신의 고객에게 공감과 지지를 보여주자.

Sales
Coaching
Skill

PART 5

제대로 된 코칭은
철저한
준비에 달렸다

1

팀원은 팀장 하기 나름이다

Sales Coaching Skill

MZ _{밀레니얼} 세대들의 동기부여와 몰입을 위해서는 코칭이 매우 효과적이다. 빠르고, 정확한 피드백이 중요하기 때문이다. 그들은 이 일이 왜 중요한지, 어떤 비전과 목표가 있는지, 일을 통해 어떻게 기여할 수 있는지에 대한 명확한 정의를 중요하게 생각하는 세대들이다. 그래서 이 세대의 성과 향상을 돕기 위해 스스로 목표를 설정하고, 달성하도록 코칭을 활용해야 한다.

또한, 수평적이고 지속적인 관계에서 질문, 경청, 공감의 과정을 통해 스스로 답을 발견하고 행동할 수 있는 환경을 조성해야 한다. 그렇다면 우리는 어떤 방법을 통해 이러한 환경을 만들 수 있을까?

우선 상대를 알아야 한다. 자신의 존재 가치와 인정을 중요하게 여기는 MZ 세대의 특징은 다음과 같다. 첫째, 누구보다 인정받고 싶은 욕구가 강하다. 자신이 맡은 업무에 대해서 주도적으로 일하기를 원하고, 명확한 목표 지향적이다. 이들을 위해서는 인정, 공감, 격려를 끊임없이 해주어야 한다.

둘째, 일 이외에도 개인적인 삶을 중요하게 생각한다. 이들의 삶을 존중해주고, 잘 들어주는 지혜가 필요하다.

셋째, 조직 내에서 수평적이고 열린 문화를 선호한다. 이들은 소통하는 데 있어 자유로운 분위기를 좋아한다. 틀에 박힌 사고와 정형화된 시스템에 갇혀 수직적, 지시적, 강요하는 의사결정을 이해하지 못한다.

팀 구성원들이 자유롭게 소통할 수 있도록 팀장은 열린 문화를 지향해야 이들의 직무 만족도와 몰입도가 높아질 것이다. 세상이 급격히 변화하면서 지금까지 이끌어 왔던 조직의 리더십은 더 이상 의미를 찾기 어렵다는 생각마저 든다. 한 조직의 리더가 중요한 이유는, 말로 설명하지 않아도 이미 잘 알고 있을 것이다. MZ 세대의 신입사원들과 소통하기 위해 팀장은 더 많은 준비와 더 큰 노력이 필요하다.

미국 UCLA 대학의 주디스 올로프Judith Orloff 정신과 교수가 처음 사용한 단어인 '에너지 뱀파이어Energy Vampire'는 타인의 긍정적인 에너지를 빨아먹듯이 은근히 상대를 지치게 하는 사람을 지칭하는 말이다. 올로프 교수는 에너지 뱀파이어의 유형을 5가지로 분류했다.

 상대를 지치게 하는 에너지 뱀파이어의 5가지 유형

1 자기중심적이며 관심을 독차지하려는 나르시스트형(The Narcissist)

2 항상 스스로 책망하고 남의 조언을 듣지 않는 피해자형(The Victim)

3 주변의 모든 것을 통제하고 지적을 일삼는 통제자형(The Controller)

4 자신의 이야기만 쏟아내는 수다쟁이형(The Constant Talker)

5 사소한 일을 크게 부풀려 과대 포장하는 엄살대장형(The Drama Queen)

팀장의 관점에서 에너지 뱀파이어의 문제만큼 가장 어려운 일은 없을 것이다. 이런 상황이 감지되면 문제가 더 커지기 전에 해결하는 것이 중요하다. 이들은 같은 팀원들에게 부정적인 감정을 전염시켜 팀 전체의 분위기에도 좋지 못한 영향을 주기 때문이다. 사람의 뇌 속에는 '거울 뉴런'이 있어 자신이 직접 경험하지 않고도 간접 경험만으로도 유사한 감정을 느끼게 된다고 한다.

에너지 뱀파이어의 다섯 가지 유형의 공통점은 오직 자신만 생각한다는 것이다. 코칭은 구체적인 목표 설정을 통해 행동을 구체화할 수 있는 도구다. 동시에 어떠한 일련의 과정, 행동에 대한 결과를 되돌아볼 수 있는 매우 중요한 도구이기도 하다. 자신을 되돌아보는 과정은 팀원의 성장에 도움을 준다.

팀원의 성장을 돕는 팀장의 역할은 한 가지가 아니라 여러 가지다. 따라서 단정적으로 말하기보다는 다양한 관점에서 생각해볼 수 있는 여유를 주어야 한다. 팀원에게도 마찬가지다.

예를 들면, 영업 목표 달성을 위한 미팅 시간에 팀장이 "이번 분기 목표 달성을 위한 방법으로 A 프로그램을 최대한 활용해봅시다."라고 말하는 순간, 팀원들은 더 이상 생각하지 않는다. 왜? 팀장이 답을 알려주었기 때문이다. 다시 말해 목표 달성을 하는 방법을 한 가지로 규정하면 팀원들은 더 이상 새로운 방식이나 형태의 아이디어를 실행하지 않는다.

"이렇게 하자!"라는 팀장의 전제는 목표 달성을 방해하는 방법이다. 그 방법 외에 다른 방법은 없다고 생각하는 순간, 거기서 끝이다. 따라서 코칭형 질문을 전제로 팀장은 팀원들에게 다양한 아이디어와 의견을 낼 수 있는 환경을 조성해줘야 한다.

코칭형 질문 예시

- "이번 분기 목표 달성을 위해 우리는 무엇을 할 수 있을까?"
- "이번 분기 목표 달성을 위해 어떤 부분을 더 신경 쓰면 좋을까?"
- "이번 분기 목표 달성은 우리 팀에게 어떤 의미가 있을까?"
- "이번 분기 목표 달성을 통해 우리는 무엇을 얻을 수 있을까?"
- "이번 분기 목표 달성을 위해 지금부터 우리는 어떤 노력을 할 수 있을까?"

위와 같은 예시들이 코칭형 질문들이다. 팀장이 답을 제시하는 것이 아니라, 팀원들이 자유롭게 소통하고 커뮤니케이션할 수 있는 문화를 만들어 다양한 의견들을 논의할 수 있게 해야 한다. 회의를 하더라도 자유로운 분위기가 만들어지면 좀 더 활기찬 시간이 된다. 팀원의 이야기를 듣고 싶으면 코칭형 질문을 활용하는 것과 함께 공감하며 경청하는 것도 잊지 말자. 이것은 내가 길거리에서 전단지를 돌리는 사회생활을 시작으로 주변에 많은 영업인들에게 나의 노하우를 나눌 수 있게 한 힘이기도 하다.

마지막으로 한 가지 노하우를 더 공유하자면, 팀원들의 생일과 기념일을 꼭 챙겨보자. 결혼한 팀원의 결혼기념일을 기억해뒀다가 '커플 머그컵'을 선물한다거나, 생일이라면 직접 엽서에 짧게나마 축하 메시지를 적어 전달하는 것이다. 선물은 꼭 크고 특별해야 하는 것이 아니라 작은 케이크도 좋고, 정성이 담긴 편지면 족하다. 즉, 마음을 담은 선물이면 충분하다.

마음을 건네는 그 순간, 당신을 보는 팀원의 눈빛이 달라질 것이다. 작지만 강력한 이벤트를 꼭 실천해보길 바란다. 당신을 바라보는 팀원의 눈빛이 달라지는 것보다 팀장인 우리가 더 기쁠 것이다. 받는 것보다 더 좋은 이유는 줄 수 있는 여유를 가졌기 때문이다.

2

코칭도 고생 끝에 낙이 온다

Sales Coaching Skill

여러 팀장과 대화를 하다 보면, 팀원들 스스로 알아서 일하면 참 좋겠지만 그렇지 않은 경우가 많다 보니 자주 스트레스를 받는다고 한다. 이런 경우 주도적으로 움직일 수 있도록 설명하고 설득하는 과정이 필요할 것이다. 설명하고 설득하는 다양한 방법 중 가장 효과적인 방법은 무엇일까? 일반적으로 강요, 지시, 설명 등 일부 팀장의 스타일에 따라 팀원을 관리할 것이다.

그러나 여기서 중요한 점은 '외부에 의해서 결정한 것이 아니라 스스로 선택하고 결정했을 때' 그 효과가 더 오래간다는 것이다. 결국은 본인의 의지가 정말 중요하다. 의지를 올리는 다양한 방법 중 가장 효과적인 방법이 바로 코칭이다. 사람들은 자신이 직접 결정하고, 선택했을 때 주도적, 능동적, 적극적으로 바뀌기 때문이다.

코치들을 몇 차례 코칭 했을 때 이야기다. 어떻게 하면 한 해를 잘 마무리하고, 새해를 맞이할 수 있을지를 고민하고 있었다. 나는 코치들과 함께 2021년에 반드시 달성할 목표 5가지 이상을 메모한 후 발표하게 했다.

 올해 목표 5가지 예시

1 PCC 자격 취득하기

2 네 번째 책 출간하기

3 박사과정 도전하기

4 창업 컨설팅 프로그램 제안하기

5 NLP 자격 취득하기

이 활동을 통해 깨달은 한 가지를 공유해보고자 한다. 위는 코치들이 직접 낸 아이디어 중 일부다. 답을 제시해 준 경우와 스스로 답을 발견하고, 찾은 경우 중 무엇이 실행력을 높일 수 있을까? 바로 이점이 포인트다. 만약 위 목표 5가지를 누군가 시켜서 지시, 강요했다면 어땠을까. 상사가 이야기하면 앞에서는 따르는 척하겠지만, 뒤돌아서면 생각나지 않는 경우가 대부분이다.

그러나 스스로 정한 목표라면 달성하지 못하더라도 책임과 주인의식이 생겨 자발적으로 행동하게 된다. 거기에서 그치지 않고 목표 달성을 위해 시작하면서 과정을 문자, 전화 등으로 공유하게 했다. 더 적극적으로 움직이게 하기 위해서이다.

나 역시 회사에서 미팅할 때 팀원의 자발적 참여를 일으키고자 "이 제안서 내용이 실제 고객에게 적용 가능할까?"라는 식으로 물어본다. 팀원들은 내 아이디어에 대한 추가적인 의견과 다른 생각을 덧붙여 훨씬 더 매력적인 제안서로 거듭나게 한다. 물어보는 것만으로도 팀원에게 신뢰와 믿음을 줄 수 있다. 미팅할 때 팀장만 이야기한다면 잘못된 미팅 문화를 가진 회사다. 중·장기적인 관점으로 봤을 때 성공할 확률은 높지 않다.

팀원들이 스스로 질문하고, 답변하고, 자발적으로 참여할 때 성과가 날 확률이 상당히 높다. 팀장이 답을 제시하고, 지시하고 강요한다면 수동적인 팀원이 되는 건 시간문제다. 능동적인 팀원을 원한다면, 성과를 내는 팀을 만들고 싶다면 믿어야 한다. 믿어야 산다. 팀원에게 믿음을 주는 다양한 방법 중 내가 주로 사용하는 팁을 공유하고자 한다.

첫째, 출퇴근 보고를 받지 않는다. 매일 저녁 그날 활동한 내용에 대한 Daily Report로 대체한다. 매주 목요일은 이번 주 활동한 내용과 다음 주 활동할 내용에 대한 Weekly Report를 받고 있다.

둘째, 시간 낭비하는 회의와 미팅은 지양한다. 이슈나 특이사항은 즉각 보고하고, 시간을 버리는 회의나 미팅은 하지 않는 편이다. 대신 월 1회 Monthly Meeting을 통해 영업 전략을 세우고, 실행할 아이디어를 수집한다.

셋째, 함께 성장하기 위한 노력을 함께 한다. 원하는 목표에 대해 같이 생각하고, 다양한 아이디어를 도출할 수 있게 한다. 그리고 그것을 실행하는 방안에 대해 구체적으로 논의한다. 여기서 중요한 포인트는 인정하며, 공감해줘야 한다는 점이다. "이 방안은 너무 좋은데?" 혹은 "특히 이 부분은 실행 가능성도 높아 정말 획기적이다." 등의 형태로 피드백을 주고, "항상 믿는다.", "조금이라도 궁금한 게 있으면 바로 얘기해줘.", "올해도 너무 잘했어. 역시 최고야!", "내년에도 함께 가자.", "GOOD JOB!" 등으로 인정, 격려, 공감의 말들을 진정성을 담아 아끼지 말고 전달해야 한다.

미국의 극작가 윌슨 미즈너는 "남의 말을 경청하는 사람은 어디서나 사랑받을 뿐 아니라 시간이 흐르면 지식도 얻게 된다."라고 말했다. 경청은 능력이다. 능력은 노력을 통해 만들 수 있다. 사람들은 말을 잘하는 것에 관심이 많다. 누군가 말을 잘하면 부러 위한다.

유재석, 신동엽, 전현무 등의 MC들은 누구보다 말을 잘한다고 생각하는 연예인들이다. 가만히 보면 이들은 경청도 정말 잘하는 분들이다. 말을 잘하는 것도 탁월한 리더의 능력이지만, 반면 잘 들어주는 것 또한 리더가 갖춰야 할 조건 중 하나이다. 그러나 상대적으로 관심이 적다. 누군가가 잘 들어준다고 해서 그 사람을 부러워하는 경우는 거의 없다. 경청을 능력이라고 보지 않기 때문에 노력하지 않는다.

그런데 코칭에서 경청은 매우 중요한 역량 중 최고 역량이다. 기업에서 리더의 덕목 중에서도 으뜸이 된다. 팀장은 리더다. 팀원의 말을 잘 들어주는 건 회사뿐만이 아니라 가정에서, 일상생활에서 만나는 사람들과의 관계 속에서도 매우 중요하다.

그럼에도 불구하고 안타까운 점은 많은 팀장이 경청의 중요성은 알지만 정작 본인은 경청하고 싶어 하지 않는다는 것이다. 팀원의 말이 조금이라도 길어지거나, 지루해지면 반사적으로 말을 끊어버린다. "요점이 뭐야?", "말하고자 하는 핵심이 뭔데?", "그게 아니지.", "잠시만, 이제 그만해."라고 팀원의 말을 싹둑 잘라 버린다. 말하는 것보다 듣는 것이 더 어렵기 때문이다. 그래서 우리는 배우고, 준비해야 하는 거다.

당신이 진짜 존경받는 팀장이 되고 싶으면, 누구보다 팀원의 이야기에 경청하기를 바란다. 팀원들이 당신을 찾아와 이야기하기만을 기다리지 말고, 당신이 먼저 팀원들의 이야기를 듣기 위해 노력해야 한다. 단순히 듣는 수동적인 경청이 아니라 적극적 경청으로 팀원으로부터 신뢰와 믿음을 얻어야 한다. 잘 들어주는 건 생각보다 큰 효과가 있다. 특히 팀원이 말할 때 고개를 끄덕이며, 입가에 미소를 띠어 보자. 팀원의 이야기를 적극 경청할 때 팀원은 당신에게 충성을 맹세하게 될 것이다.

3

코칭을 마지막 무기라고 생각하자

Sales Coaching Skill

/

경영컨설팅 업체인 한국포럼에서 글로벌 국내의 상황을 비교해볼 수 있도록 국내 회사를 대상으로 설문조사를 진행했다_{2014년} _{기준}. 총 206개 기업이 설문에 참여했으며, 전체의 38%가 연 매출 1조 원 이상, 70%가 500억 원 이상으로 대다수 규모가 큰 곳이었다. 참여자들은 영업성과 향상에 가장 영향을 많이 미치는 활동이 무엇인지 평가했다. 그 결과 세일즈 코칭이 가장 높은 평점을 받았다.

이 연구 결과는 코칭에만 국한되지 않는다. 사람들을 움직이게 할 때도 적용할 수 있다. 가장 높은 평점 상위 5개 이상의 요소가 전부 영업교육 및 학습에 관한 것이었다. 5가지는 세일즈 코칭, 영업사원 교육, 영업 관리자 교육, 영업 성공사례 공유, 영업 프로세스의 재정립이다.

어렸을 때 누구나 한 번쯤 겪어본 이야기다. 열심히 공부하겠다고 굳게 마음을 먹고 책상에 앉으려는 순간, 어머니가 말씀하신다. "태호야, 공부해야지!" 그러면 마음이 어떤가? 지금 하려고 했는데 어머니의 말씀을 듣는 순간에 하기 싫은 마음이 올라오는 게 사람이다.

영업조직의 성과를 올리는 데 필요한 방법은 여러 가지가 있을수 있지만, 스스로 답을 찾아서 움직일 수 있는 원동력을 발견할수 있도록 회사와 팀장은 물심양면 도와야 한다. 다만 글로벌 설문조사에서는 세일즈 코칭이 인재를 길러내는 데 가장 핵심적인 역할을 한다고 보는 반면, 국내에서는 아직 코칭에 대한 인식이나 가치를 낮게 평가하고 있는 것 같다.

이제 영업팀장들은 팀원들에게 관심을 갖고, 집중하고 몰입해서참여를 이끌어야 한다. 그들의 일과 삶의 균형을 위한 성장까지 신경 쓰지 못한다면, 더 이상 자리만 차지하고 있는 현실이 무의미하다. 이것이 변화하는 시대에 영업팀장들이 존재해야 하는 이유이다. 특히 비즈니스를 하는 영업인들은 어떤 일보다 창의성이 요구된다. 과거에 얽매인 지시와 강요는 이제 통하지 않는 시대다. 따라서 코칭은 단순 반복적인 지시나 명령, 강요보다는 팀원들의 잠재 능력을 이끌어내는 데 적합한 도구임이 틀림없다.

예를 들면, 첫째 수직적인 구조에서 지시와 명령을 받는 팀원 입장에서는 창의적으로 생각할 필요도 여유도 없다. 그냥 시키는 것만 하면 되니깐 말이다. 마치 생산 공장 중 하나의 부품으로 취급받는 느낌일 것이다. 하지만 코칭을 받으면 한 조직 공동체에서 공동의 목표 달성을 위하여 함께 일하고, 생각하고, 움직이는 파트너로서 존중받는다고 느끼게 된다. 시작부터 다르다.

둘째, 대학 졸업 후 정말 열심히 공부하고 준비해서 좋은 회사에 취직했다. 취직하는 순간 더 이상의 창의성, 독창성, 잠재력을 발휘할 기회도 주어지지 않는다. 오히려 튄다고 뭐라고 한다. 도대체 언제까지 그럴 것인가? 창의성, 독창성, 잠재력은 인간이 가질 수 있는 유일한 선물이다. 왜 선물을 최대한 활용하지 못하게 하는 것인가? 이제 영업조직은 변해야 산다. 바뀌어야 생존한다는 것을 명심해라.

셋째, 스스로 동기부여 하도록 관심을 갖고 질문해보자. 이와 관련하여 세계적 기업인 구글의 인재경영 방식은 주목할 만하다. 구글이 원하는 인재상은 리더나 상사의 도움 없이 언제 어떤 상황에서도 스스로 일을 추진할 수 있는 사람이다. 구글은 이러한 인재를 채용하고 유지하기 위해 20%의 근무시간 원칙을 마련했다. 근무시간 중의 20%는 자신이 하고 싶은 일은 어떤 일이든지 할 수 있도록 허용하는 정책이다.

'GROW 모델'은 아마도 가장 잘 알려진 코칭 모델일 것이다. GROW는 4단계로 이뤄지는데 전통적으로는 심리학적 훈련이 필요 없는 코치들에게 적합한, 비심리학적 모델로써 여겨졌다. 그러나 이는 영업부 팀장들에게 딱 적합한 모델이다. 열린 질문을 활용해 팀원들과 함께 4개의 활동 중심 단계로 나아가도록 돕는다. GROW의 첫 번째 단계는 목표 명료화와 관련된다. 이 과정은 팀원을 위해 현실 상황을 점검하면서 어떻게 그들의 목표가 그것에 잘 부합하는지 확인해보는 것이다. 팀장은 목표 달성을 위해 다양한 생각과 대안들을 만들어내고, 팀원을 이끌어낼 수 있다. 마지막 요소는 나아갈 방향을 명료화하는 것이다.

다음 표를 보면서 열린 질문의 실제 사례를 공유하겠다.

단계	열린 질문들
목표(들)	˙무엇을 달성하기 원하는가? ˙이 미팅을 통해 무엇을 얻기 원하는가? ˙무엇을 알기 원하는가?

현실	• 무엇이 일어났는가?
	• 이것이 왜 문제인가?
	• 그것이 당신에게 의미하는 것은 무엇인가?
	• 현재 어떤 상황인가?
	• 그것에 대해 어떻게 생각하는가?
대안(들)	• 다른 대안이 있다고 생각하는가?
	• 무엇을 시도했었는가?
	• 그것의 장단점은 무엇인가?
	• 당신이 할 수 있는 다른 것이 있는가?
나아갈 방향	• 앞으로 무엇을 언제 할 것인지 요약해 볼 수 있는가?
	• 당신이 생각하는 장애물과 목표는 무엇인가?
	• 그것을 어떻게 극복할 것인가?
	• 누가 도와줄 수 있는가?
	• 어떤 자원이 필요한가?
	• 언제 이 과정들을 검토해야 하는가?

GROW 모델은 팀원에게 그들의 목표를 향해 앞으로 나아갈 수 있도록 이끈다. 이 모델의 핵심은 팀원의 신뢰를 바탕으로, 그들의 목표 달성을 진정성 있게 응원하고, 격려함으로써 할 수 있다는 믿음이 전제되어 있다. 팀원을 이끄는 가장 효과적인 방법은 직접 물어보고 듣는 것이다. 묻고, 듣는 것의 최고의 도구는 바로 코칭이다.

4

명심하자 누군가는 해야만 한다

요즘 세대라고 불리는 MZ 세대는 자신의 전문성과 실력에 자부심이 강하다. 최근 신입사원들은 이 조직이 나의 성장과 발전에 도움이 된다고 하면 계속 함께 일할 것이고, 그렇지 않다고 느끼면 어느 시점까지만 근무하고, 퇴사를 결정한다. 이러한 상황에서 팀장은 조직 내에서 팀원들이 일의 의미를 발견하고, 스스로 동기유발이 되어 주도적으로 일할 수 있도록 독려하는 역할을 해야 한다.

예를 들면 첫째, 현재 조직이 처한 상황과 함께 나아가야 할 방향에 대한 비전 제시를 공유한다. "현재 우리가 하는 비즈니스를 통해 사람들이 더 편하게 일상생활을 할 수 있도록 한다.", "앞으로도 우리 비즈니스는 매년 두 자리가 껑충 뛰는 성장을 할 것이다.", "결국, 우리가 해낼 수 있다!" 등으로 말이다.

둘째, 큰 그림은 보여주고 제시하되 디테일한 부분과 구체적인 목표는 스스로 결정하도록 결정권을 준다. 대신 팀원들에게 바라는 역할과 목표 기대는 명확하게 공유한다. 구체적일수록 좋지만 그들의 입장, 상황, 환경을 최대한 반영하여 존중해주는 느낌으로 다가간다. 그래야 과정과 결과를 객관적으로 피드백할 수 있기 때문이다.

셋째, 목표 달성을 하게 될 경우 얻게 되는 이익과 보상에 대해 공유한다. 인센티브든이고, 승진일 확률이 높다. 더 나아가 현재 하는 업무가 미래의 성장과 발전에 긍정적인 효과로 기대한다면 더할 나위 없을 것이다.

위 세 가지를 놓치지 않고 팀원들이 계속 확인할 수 있도록 점검, 지원, 공유하는 것이 바로 팀장의 역할이다. 마쓰시타 고노스케는 "경영은 인재人材다."라고 말했다. 그만큼 사람이 중요하고 전부다. 한 회사에 새로 직원을 뽑는다면 정말 잘 뽑아야 하는 이유가 바로 여기에 있다. 그만큼 성과는 사람에게서 나오는 일이다. 사람이 재산인 기업에서 성과 창출을 위해서는 팀원들을 적절한 시기에 배치, 교육, 성장할 수 있도록 적극적으로 지원해야 한다.

팀원들이 스스로 역량 개발할 수 있도록 환경을 조성해주는 것,

팀장이 해야 할 업무이다. 대부분의 팀장들은 "임원이 먼저 신경을 써야죠.", "회사에서 먼저 챙겨야죠."라고 말하곤 한다. 틀린 말 아니다. 맞는 말이다. 백번 공감한다. 하지만 언제까지 회사에서 먼저 해주기를 바랄 것인가? 임원이 먼저 나서서 해주기를 바랄 것인가? 그렇게 수동적인 자세가 바로 수동적인 팀원으로 연결되는 것이다. 팀장인 우리가 먼저 나서야 할 때다. 현 위치에서 할 수 있는 최선의 방법 몇 가지를 공유하겠다.

첫째, 경청 Listening 을 해줘야 한다. 잘 듣고 이해하는 것이다. 상사가 부하의 이야기에 맞장구쳐주고, 웃으면서 잘 들어준다면 그 자체만으로 팀원에겐 힐링이 된다. 상사가 들어주는 것만으로도 팀원들을 춤추게 할 수 있다. 말을 잘하는 것보다 중요한 것이 바로 잘 듣는 것임을 팀장들은 바로 알아야 한다. 경청은 코칭의 시작이자 끝이다. 팀원에게 질문하고 대화함으로써 팀원의 필요에 따른 도움을 줄 수 있다. 이 도움의 시작은 바로 듣기부터다. 또한, 경청은 팀원들에 대한 존중과 이해로 그들의 마음을 살펴볼 수 있는 도구가 되기도 한다.

둘째, 진정성을 담아 팀원의 이야기에 공감한다. 공감이란 팀원의 입장에 서서 생각해보는 것이다. 그들의 기분, 감정, 느낌이 어디에서 온 것인지 살피고, 팀원들의 감정을 이해하고 이를 통해 그들에게 필요한 것이 무엇인지를 알아내기 위해 노력해야 한다. 공감은 자신보다는 상대를 위한 배려라고 생각하면 된다.

셋째, 격려와 칭찬을 아끼지 말아야 한다. 영업현장에서 만나는 수많은 문제와 고객들의 불평과 불만을 처리하는 업무는 생각보다 쉽지 않다. 어려운 일이다. 늘 지쳐 있는 팀원들에게 강요, 지시, 잔소리는 독이다. 각 팀원의 상황을 살펴 그들의 감정적인 아픔을 위로하고, 격려해주는 지혜가 필요하다. 잘한 부분이나 칭찬 거리가 무엇인지 찾아서 자존감을 높이는 칭찬의 말로 팀원들을 살뜰히 챙겨야 한다.

팀장이라고 해서 권위를 내세우거나 지시만 하는 게 아니라 대화, 인정, 팀원에 대한 존중, 진정성을 담아 팀원들과 소통해야 한다. 이를 통해 팀원은, 주도적으로 일할 수 있는 환경과 스스로 역량을 개발할 수 있게 되는 것이다.

요즘 세대들은 확실히 예전 세대와 확연히 다르다. 글보다는 이미지나 영상을 더 선호하며 자신이 모르는 지식, 정보의 검색, 심지어 뉴스 시청도 유튜브를 통해서 해결한다. 집보다는 수입 자동차나 명품 가방에 더 집착하기도 한다. 이러한 현상을 두고 "라떼는 말이야~"라고, 단정 지을 수 없는 일이다.

최근 부동산, 아파트 집값이 미쳤다는 소리를 여기저기서 들곤 한다. 최근의 경제 상황, 환경, 이럴 수밖에 없는 현실에 대해서도 최대한 이해해야 한다. 모든 결과에는 원인이 있기 때문이다. 조직과 개인의 삶의 균형을 잘 유지할 수 있도록 팀장은 팀원들을 지원해 주어야 한다. 현재의 업무도 중요하지만, 개인의 삶도 존중받기를 원하는 MZ 세대들을 위해 주기적으로 팀원들의 생각, 감정, 변화에 대해 세심하게 관찰할 필요가 있다. 그러기 위해서 그들에 대한 이해는 기본, 인정과 지지, 격려와 칭찬, 공감, 질문과 경청이 필수다. 그러므로 이를 형성하기 위한 코칭 스킬을 올리기 위해 노력해야만 한다.

2011년 미국에서 시행된 한 실험 결과에 의하면, 유사한 조건을 가진 팀 간의 비교에 있어서 팀의 성과와 효율성에 영향을 미친 요인은 '팀장과 팀원들의 수용성'이었다고 한다. 팀장과 팀원들 모두 독선과 독단을 버리고 다른 팀원의 창의적이고 혁신적인 의견을 잘 경청하고 수용할수록 모두의 사기진작과 동기부여가 일어난다는 것이다. 결국, 팀의 성과 향상에 긍정적 영향을 미쳤다. 여기서 팀장과 팀원들의 수용성이라는 의미는 팀장이 팀원들의 의견을 잘 경청하고 그들의 의견과 아이디어에 대해 적극 공감하여 받아들인다는 것이다.

절대 팀원이 팀장보다 더 잘 알고 있어 자존심 상하는 일이라고 생각해서는 안 된다. 현재보다 더 나아지기 위해 진정성 있는 모습으로 노력하는 팀장의 모습에서 팀원은 자극을 받는다. 팀장의 배우고자 하는 의지, 노력, 겸손한 태도가 팀장과 팀원, 우리 모두를 성장시키는 원동력이자 힘이다. 이러한 MZ 세대의 특징을 알고, 팀장 스스로 부족한 부분을 인정하고, 채우려고 노력할 때 비로소 진정한 코칭을 할 수 있다.

5

누구도 흉내 내지 못하는 나만의 스킬을 만들자

Solve your own skill

팀장은 리더다. 리더는 팀원들을 통해서 성과를 만들어가는 사람이다. 그렇기 때문에 리더가 제 역할을 잘하기 위해서는 자신의 생각과 의견을 팀원들에게 잘 전달할 수 있는 커뮤니케이션 역량이 매우 중요하다.

미국의 작가인 스튜어트 체이스는 "우리는 커뮤니케이션의 바다에 살고 있다. 그러나 바다에 사는 물고기가 물속에 있는 것을 모두 알지 못하는 것처럼 우리도 이를 깨닫지 못하고 있다."라고 말했다. 이 말을 인용하자면 우리의 인생은 커뮤니케이션의 연속이다. 커뮤니케이션은 우리가 세상을 살아가는 동안 계속해서 사용해야 하는 필수 과목이다.

영업현장에서 팀을 이끄는 영업팀장인 리더도 마찬가지다. 팀원과의 상호작용을 통해 성과를 만들어내는 것이 리더의 역할이라는 점을 생각할 때 코칭의 중요성은 앞으로 더욱 중요해진다. 아무리 팀장의 역량이 뛰어나더라도 리더 혼자서 모든 일을 할 수는 없다. 즉, 탁월한 리더가 되기 위해서는 팀원들에게 업무 부여와 함께 일이 잘 실행되도록 그 과정을 조성해야 한다.

과연 코칭을 잘하는 팀장은 누구일까? 어떤 팀장이 코칭을 잘할까? 지금껏 만난 다양한 팀장들을 보며 곰곰이 생각해보았다. 그 결과 유머가 있는 사람도, 영어와 한자를 번갈아 쓰며 유식해 보이는 사람도, 침묵 없이 술술 말하는 사람도 모두 아니었다. 내가 생각하는 코칭을 정말 잘하는 팀장의 스타일은 바로 상대의 말에 반응을 잘해주는 사람이었다.

상대의 말에 반응을 잘해준다는 의미는 인정, 공감을 잘하며 무엇보다 리액션Reaction이 강한 팀장을 말한다. 사람은 누구나 자신의 말에 반응을 잘해주고, 잘 들어주는 사람에게 더 호감이 가게 되어 있다. 왜냐하면, 자신의 말을 잘 들어주는 사람에게 사람들은 대부분 편안하고, 신뢰감을 느낄 수 있기 때문이다.

"정말 축하해~", "진짜 잘됐다.", "힘들었겠다 고생했어.", "정말 고마워.", "너무 미안한 마음이 든다. 정말 미안해."라며 리액션을 해주는 팀장에게 팀원은 마음의 문을 더욱더 활짝 열게 된다. 리액션을 잘하는 팀장은 말보다 표정이나 몸짓 그리고 목소리 등 비언어적 요소를 최대한 활용하여 공감을 나타낸다. 리액션을 한다는 것은 존재에 대한 인정이다. 이럴 때 대부분의 팀원은 위로를 받고 힘을 얻는다. 그러나 그런 팀장이 얼마나 될까. 따뜻한 말 한마디보다 비판이나 평가의 언어를 사용하는 팀장이 주변에 얼마나 많은지 모른다.

팀장이 팀원에게 하는 말, 팀원의 주변 동료들이 그 팀원에게 하는 말에 의해 팀원의 자존감은 높아지기도 하고 낮아지기도 한다. 팀원은 남들이 자신을 가치 있게 대해줄 때 자신의 소중함을 느끼게 된다. 업무 성과는 거기서부터 시작된다. 내가 팀원에게 자주 사용하는 말을 공유하자면, 다음과 같다.

"최고다! 너무 잘하고 있어."
"궁금한 점이 있으면 언제든지 말해줘."
"본부장님께 보고하기 위해 만든 자료인데 공유할게."
"보고 추가할 내용 있으면 알려줘."
"지금 정말 잘하고 있어. 이대로 앞으로도 쭉 가자!"
"너무 잘했는데? 네가 있어서 진짜 든든하다. 고마워!"

한번은 정부 지원을 받아 창업에 뛰어든 대표님들을 대상으로 여러 차례 강연하는 기회가 있었다. 주제는 '스타트업의 효과적인 커뮤니케이션 및 코칭 스킬'이었다. 이날 20대의 젊은 나이부터 60대 이상까지 다양한 연령층의 대표님들이 강연을 들으러 왔다. 나는 그분들의 특징적인 요소를 찾기 위해 창업 계기, 과거 경력, 경험 등 여러 가지 요소들을 체크 했다. 쉽게 해답을 찾을 수 없어 전전긍긍하던 중 문득 대표들에게는 한 가지 공통점이 있다는 것을 발견했다. 직접 창업에 뛰어들다 보니 상품 제안, 설명 등 계약 전 과정에서 만나는 수많은 사람과 소통을 잘하고 싶은 욕구가 있었다.

나는 사람을 구분할 때 여러 가지 기준을 적용한다. 예를 들면 ① 말을 잘하는 사람, ② 말을 못 하는 사람, ③ 영업을 잘하는 사람, ④ 영업을 못 하는 사람, ⑤ 소통을 잘하는 사람, ⑥ 소통을 못 하는 사람이다. 사람들과 이야기를 나누다 보면 누가 생각해도 소통을 참 잘하는 사람이 있다. 그렇다면 나는 다른 사람들에게 소통을 잘하는 사람으로 생각될까? 문득 궁금증이 든다.

자, 당신이 어떤 모임에 참석하기 위해 약속 장소에 갔다고 가정해보자. 당신이 도착하기 전에 이미 많은 사람들이 와 있다. 당신이 문을 열고 들어선다. 당신을 보는 사람들의 표정이 밝아졌는가? 그렇다면 당신은 소통의 일가견이 있는 사람이다. 반대로 당신이 나간 후에 오히려 분위기가 밝아진다면? 물론 당신이 그 광경을 볼 수는 없겠지만, 분명 소통에 서툰 사람일 확률이 높다. 소통을 잘하지 못하는 사람들의 전형적인 특징 10가지를 소개하겠다.

 소통이 서툰 사람들의 10가지 특징

1 상대의 말을 끝까지 듣지 못하고, 끊어버린다.

2 자신의 이야기만 늘어놓는다.

3 산만한 태도로 상대가 말할 때 집중하지 못한다.

4 표정이 어둡다.

5 입꼬리가 내려가 있다.

6 대화 시, 다리를 습관적으로 떨고 있다.

7 말이 무미건조하며 감정이 없다.

8 상대방의 말에 동문서답한다.

9 상대를 무시하듯 말한다.

10 부정적인 어휘, 불평, 불만을 자주 토로한다.

반면에 소통을 잘하는 사람들은 어떤 모습일까? 위 10가지 특징에 반대되는 사람일 확률이 높다. 사람들은 자신이 아닌 상대에게 그리 많은 관심을 가지지 않는다. 그러나 자신에게 관심을 보이며,

자신을 인정해주는 사람. 공감해주는 사람에게 우리는 마음의 문을 활짝 열게 된다. 덧붙여 나는 입사 3개월 된 신입사원에게 주로 사용하는 언어가 있다.

"요즘 회사 생활은 어때?"
"일은 할 만해?"
"내가 도와줄 일이 있니?"
"지금 너무 잘하고 있어."
"역시 잘 뽑았어!"
"일하면서 어려운 부분 있으면 언제든지 말해줘."
"너무 좋다! 최고다."
"덕분에 올해 더 좋은 일들만 가득할 것 같아. 파이팅 하자!"

팀원 역시 팀장의 말 한마디로 자신의 능력을 최대치로 올리기도 하고, 제한하기도 한다. 팀원에 대한 믿음을 표현하는 팀장의 상호작용 속에서 소통은 시작되기 때문이다. 누구도 흉내 내지 못하는 당신만의 영업 코칭 스킬을 만들기 바란다. 지금 당장!

6

철저한 준비가 코칭의 전부다

Sales Coaching Skill

코칭 Coaching 은 미래다. 나의 미래를 꿈꾸게 해줄 뿐만 아니라 팀원의 미래를 설계하여 실행을 도와주는 강력한 도구이다. 코칭은 팀장과 팀원의 소통을 통해 팀원이 개인과 조직의 목표 설정부터 달성까지 전 과정에 필요한 스킬이나 지식, 사고방식을 갖추어 실행하는 것을 지원하는 커뮤니케이션 스킬이다.

영업을 잘하고 싶다면 코칭 역량을 습득하거나, 인간관계를 구축하는 일에 시간과 비용을 집중적으로 투자해야 한다. 코로나19 바이러스로 인해 '슬세권'이라는 신조어가 생겨났다. 편안한 복장과 슬리퍼 차림으로 집 주변에 있는 각종 편의시설을 이용할 수 있는 주거 권역을 말한다.

이와 더불어 편의점의 매출이 전년 대비 큰 폭으로 올라갔다는 기사를 접한 적이 있다. 요즘은 편의점에서도 싸고 맛있는 커피를 쉽게 마실 수 있는 시대이다. 그럼에도 불구하고 최고급 호텔이나 별다방에서 당연하다는 듯이 커피 한 잔에 5~6천 원부터 1만 원까지 내며 먹는 이들도 있다. 상대적으로 더 비싼 비용을 내고 커피를 마시는 이유는 무엇일까? 커피 맛뿐만 아니라 질 높은 서비스와 편안한 휴식 공간 그리고 분위기와 문화도 함께 살 수 있기 때문일 것이다. 바로 그만한 가치가 있기 때문에 비용을 기꺼이 내는 것이다.

우리도 마찬가지다. 자신의 가치를 스스로 높이며, 상대에게 신뢰와 친밀감 그리고 믿음으로 나아가야 한다. 성공한 팀장은 자신의 가치를 높이기 위해 소통 능력, 코칭 스킬을 연마하는 노력을 아끼지 않는다. 코칭 선배들의 지식과 지혜를 활용하는 것도 성공으로 가는 지름길이므로 독서나 조언을 통해 적극적으로 배우기 바란다.

그리고 다른 사람의 의견에 의존하는 것은 사고의 축이 확고히 자리 잡지 않았다는 의미이다. 어떤 경우라도 참고만 할 뿐, 최종 선택과 결정 그리고 판단은 스스로 직접 내리는 습관을 길러야 한다. 나만의 방법을 공유하자면, 나의 경우 분기미다 특정 질문과 답변을 통해 성찰하는 시간을 갖는다. 나에게 던지는 질문은 아래와 같다.

 성찰하기 위해 나에게 던지는 질문들

- '내가 지금 하는 일이 어떤 가치가 있는가?'
- '이번 목표 달성을 위해 지금 당장 나는 무엇을 해야 하는가?'
- '그 프로모션은 적절했는가?'
- '현재 내 가치를 더 올리기 위해서는 무엇을 준비해야 하는가?'
- '그 일이 구체적으로 나에게 어떤 의미인가?'
- '지금 하는 일에 회사에 어떤 이익을 얻어다 주는가?'
- '이 일을 마무리하는데 시간과 비용은 얼마나 소요되었는가?'

이러한 질문 의식을 갖는 단계가 성공하는 영업인이 되기 위한 시작점이다. 또한, 어떻게 하면 영업 코칭 스킬을 올릴 수 있는지, 어떻게 하면 목표를 달성할 수 있는지, 현재 상황에서 더 개선할 부분은 무엇인지를 항상 생각해야 한다. 자신이 한 활동을 객관적으로 분석하는 능력은 영업에서 특히 중요하다.

대한민국에 비즈니스를 하는 영업인들이 얼마나 많은가? 모르긴 몰라도 진짜 많은 사람들이 모두 영업을 하고 있을 것이다. 나를 홍보하고, 판매하는 것도 모두 영업이기 때문이다. 그중 조직 구성원들을 이끄는 팀장도 무수히 많을 것이다. 그러나 한편으론 그 많은 팀장 중 코칭을 공부하고, 배우는 사람은 얼마나 될까?

성공하는 팀장은 남들과 다른 언어를 사용하고 행동하는 것에서 가치를 발견한다. 남의 시선에 구애받지 않고, 크게 신경 쓰지도 않는다. 오히려 비슷한 사람들과 어울려 다니며 비슷한 생각과 사고를 하고 가치관이 비슷해지는 걸 우려한다. 많은 사람들이 하니까 나도 해야 하는 게 아니라 자신의 가치를 높이기 위해서, 함께 일하는 팀원을 통해서 배우고 준비하는 사람이다.

근본적으로 성공한 팀장들은 명령, 지시, 강요, 관리를 받는 것을 극단적으로 싫어한다. 자유와 책임 그리고 신뢰와 믿음으로 나아간다. 이것이 바로 코칭의 사고방식이다. 팀장의 욕심을 버리면 지금까지 자신의 성장을 방해한 사고와 행동이 사라진다. 이는 코칭형 리더가 되는 길로 자연스레 이어진다. 코칭형 리더와 함께 일하는 영업 팀원은 모든 준비가 마쳤다고 해도 과언이 아니다. 팀장을 그대로 보고 따라 하면서 자신의 색깔을 만들어 가면 되기 때문이다.

영업인에게는 돈과 직결되는 능력이 요구된다. 영업인은 최종적으로 제품이나 서비스를 판매해야 한다. 보통 신입사원을 반드시 영업부에 배정하는 기업도 있는데, 이는 장사의 기본이 영업에 있기 때문이다. 상품 기획, 설계, 제조, 유통, 마케팅 등 여러 가지 과정이 있지만 기업의 최종 목표는 결국 판매다. 전 과정의 밑바닥부터 차근차근히 배워 올라간 후에는 어떠한 업무를 맡더라도 사람에 대한 이해와 사물에 대한 관점이 달라진다. 그 결과로 '현재 내가 하는 영업의 최종 목표는 무엇인가?'를 주도적으로 생각할 수 있다. 직장 생활을 하든 은퇴 후 제2의 인생을 설계할 때든 가장 기본이 되고 중요한 요소는 바로 영업력과 마케팅 능력이다.

여기에 코칭을 더한다면 금상첨화이다. 제대로 된 인생을 살고 싶으면 영업력, 마케팅, 코칭 이 세 가지 기술만큼은 지금부터라도 철저한 준비를 해야만 한다. 영업력에는 소통, 커뮤니케이션, 처세술, 프레젠테이션 등이 포함된다. 마케팅 능력은 현 상황과 미래에 대한 트렌드를 읽고, 쓰는 능력을 말한다. 또한, 트렌드를 파악하기 위해 필요한 정보 수집과 분석, 브랜딩 및 고객을 모으고 관리하는 능력을 말한다.

마지막으로 코칭은 노력이고, 습관이다. 질문과 경청, 인정과 칭찬, 공감과 지지, 격려를 제대로 배워 당신의 영업현장에, 인생에 꼭 적용해보기 바란다. 다시 정리하여 말하자면 성공한 영업팀장은 영업 코칭 스킬을 높이기 위해 다음의 일곱 가지 도구를 적극 활용한다. 이점을 잊지 말고 차근차근 실천하며 습관을 들여보자.

 영업 코칭 스킬을 높이기 위한 7가지 도구

1 과거에 얽매이지 않고 생각할 수 있는 '질문의 도구'

2 상대의 마음을 열고, 확인할 수 있는 '경청의 도구'

3 상대를 이해할 수 있는 여유를 가진 '인정의 도구'

4 상대를 춤추게 하는 '칭찬의 도구'

5 함께 일하는 동료를 존중해주는 '공감의 도구'

6 늘 곁에서 응원해주는 '지지의 도구'

7 함께 노력하는 파트너로서 동기부여를 해주는 '격려의 도구'

이 도구들을 확보하면 당신이 활용할 수 있는 영업 무기가 무한 대로 늘어난다. 큰 성공을 거두는 팀을 만들고 싶다면, 스스로 길을 개척해야 한다. 성공을 얻기 위해서는 투자가 필요하다. 조금씩 이라도 좋으니 시간을 확보해서 코칭을 배우길 바란다. 이것이 바로 성공하는 팀장의 영업 코칭 스킬이다.

영업은 인생이고, 인생은 영업이다

이 책은 14년간 직접 영업현장에서 발로 뛰며 만들어진 콘텐츠이다. 물론 지금도 현재진행형이다. 그동안 영업 일을 해오면서 현장에서 발로 뛰는 영업인부터 취업을 앞둔 대학생 그리고 기업의 꽃인 영업부 팀장과 임원까지 영업 코칭 스킬의 교육이 필요하다는 것을 알게 되었다. 오랜 시간 동안 다양한 분야의 고객들을 만나 비즈니스를 하면서 그들이 내가 판매하는 제품을 구매하기까지의 전 과정을 지켜보면서 영업 코칭 스킬은 대한민국에서 영업하는 모든 영업인들에게 꼭 필요한 기술이라는 확신이 들었다.

영업만으로 매우 바쁜 상황이었지만 책을 꼭 써야겠다고 생각을 하게 된 결정적인 이유는 더 많은 영업인들과 함께 나누고 싶었기 때문이다. 어떻게 하면 영업 코칭 기술을 전파할 수 있을까를 고민하며 책의 콘텐츠를 정리했다. 상대방의 마음을 얻기 위해 가장 기본이 되는 방법부터 질문, 경청, 인정, 칭찬, 공감, 지지, 격려 등의 도구들 그리고 근본적으로 영업 코칭을 잘할 수 있는 원리와 방법을 담았다.

이 책을 한마디로 요약하면 '효과적으로 영업하고 코칭하고 말하는 방법'이다. 이는 영업에서 가장 중요한 능력이자 기본 중의 기본이다. 말하기 · 듣기 · 표현하기, 이 3가지를 고루 갖춘 사람은 어디서든지 유능한 인재로 인정받을 수 있다.

나는 고객들과 직접 경험한 소통의 룰을 함께 나누고 싶다. 나의 실수와 부족함으로 인해 얻어진 것들, 그리고 잘한 커뮤니케이션과 그렇지 못한 커뮤니케이션으로 인한 단절의 경험 등을 나누고자 한다. 같은 조직 구성원인데도 팀장과 팀원의 마음이 서로 통하지 않아 힘들어하는 사람들이 우리 주변에 너무 많다. 양적 성장과 부흥으로 지식의 양은 늘어났지만, 그 지식을 정작 질적으로 잘 표현할 수 있는 사람들은 과연 얼마나 될까?

나는 14년 동안 연구하고 깨달은 영업 코칭 노하우와 지식을 한데 모아 아낌없이 전하고자 한다. 이 책을 읽은 이들은 분명 영업을 더 잘하고 싶어서 또는 코칭이 필요하기 때문일 것이다. 현재보다 더 나아지려고 노력하는 당신의 작은 힘으로 더 큰 미래를 만들기를 바란다.

노력하는 당신은 분명 행복하고 매사에 감사할 줄 아는 사람이 될 것이다. 영업 고수가 되어 성공적인 영업과 인생을 살아갈 당신을 진심으로 응원한다. 지금 당장 영업 코칭을 시작하자.

참고문헌

1 『제가 겉으론 웃고 있지만요』, 함규정, 알에이치코리아, 2019.

2 『슬기로운 팀장생활의 기술』, 함규정, 글담출판, 2018.

3 『실리콘밸리의 팀장들』, 킴 스콧, 청림출판, 박세연 옮김, 2020.

4 『90년생이 온다』, 임홍택, 웨일북, 2018.

5 『교육의 미래』, 폴김 외 1, 세종서적, 2017.

6 『나는 팀장답게 일하고 있는가』, 윤영철, 보랏빛소, 2019.

7 『나는 인정받는 팀장이고 싶다』, 김용현 외 8, 플랜비디자인, 2019.

8 『나는 (***) 팀장이다』, 박진한 외 8, 플랜비디자인, 2020.

9 『코칭심리학』, 스티븐 팔머 외 1, 코쿱북스, 2016.

10 『코칭의 심리학』, 김은정, 학지사, 2016.

11 『부자의 사고, 빈자의 사고』, 이구치아키라, 한스미디어, 2015.

12 『부의 추월차선』, 엠제이 드마코, 토트출판사, 2018.

13 『언스크립티드』, 엠제이 드마코, 토트출판사, 2018.

14 『돈의 속성』, 김승호, 스노우폭스북스, 2020.

15 『부자의 말센스』, 김주하, 위즈덤하우스, 2020.

16 『생각정리 스킬』, 복주환, 천그루숲, 2017.

17 『소통형 인간』, 김창옥, 아리샘, 2009.

18 『너는 아직도 영업을 모른다』, 카가와 신페이, 리오북스, 2016.

19 『코칭이 답이다』, 코치에이, 올림, 2019.

20 『코칭 핵심 역량』, 박창규 외 4, 학지사, 2019.

21 『영업, 코칭이 답이다』, 김상범, 호이테북스, 2015.

22 『영업혁신』, 김상범, 푸른미디어, 2020.

23 『성과 향상을 위한 코칭 리더십』, 존 휘트모어, 김영사, 2016.

24 『당신이 옳다』, 정혜신, 해냄, 2020.

25 『비폭력 대화』, 마셜B.로젠버그, 한국NVC센터, 2017.

26 『상자 밖에 있는 사람』, 아빈저연구소, 위즈덤아카데미, 2016.

27 『감수성 훈련』, 유동수 외 2, 학지사, 2018.

28 『스타트업 바이블』, 빌 올렛, 비즈니스북스, 2020.

29 『긍정의 대화법』, 장은영, 위즈덤하우스, 2011.

30 『기업성과에 날개를 다는 효과적 영업』, 박정은 외 1, 박영사, 2020.

31 『지하철과 코코넛』, 스피로스 마크리다키스 외 2, 비즈니스맵, 2009.

32 『팀장은 처음이라』, 남관희 외 1, 교보문고, 2020.

품격있는 영업인이라면 꼭 갖추어야 할

영업 코칭 스킬

초판인쇄 2021년 6월 7일
초판발행 2021년 6월 7일

지은이 권태호
펴낸이 채종준
기획 · 편집 김채은
디자인 김예리
마케팅 문선영 · 전예리

펴낸곳 한국학술정보(주)
주소 경기도 파주시 회동길 230 (문발동)
전화 031 908 3181(대표)
팩스 031 908 3189
홈페이지 http://ebook.kstudy.com
E-mail 출판사업부 publish@kstudy.com
등록 제일산-115호(2000. 6. 19)

ISBN 979-11-6603-443-5 13320